Gennaros

PASTA MIA!

ars vivendi

Für Antonio, für den ein Teller dampfende Pasta einen gelungenen Tag ausmacht.

Gennaros

PASTA MIA!

Original italienische Nudelgerichte

Gennaro Contaldo

ARS VIVENDI

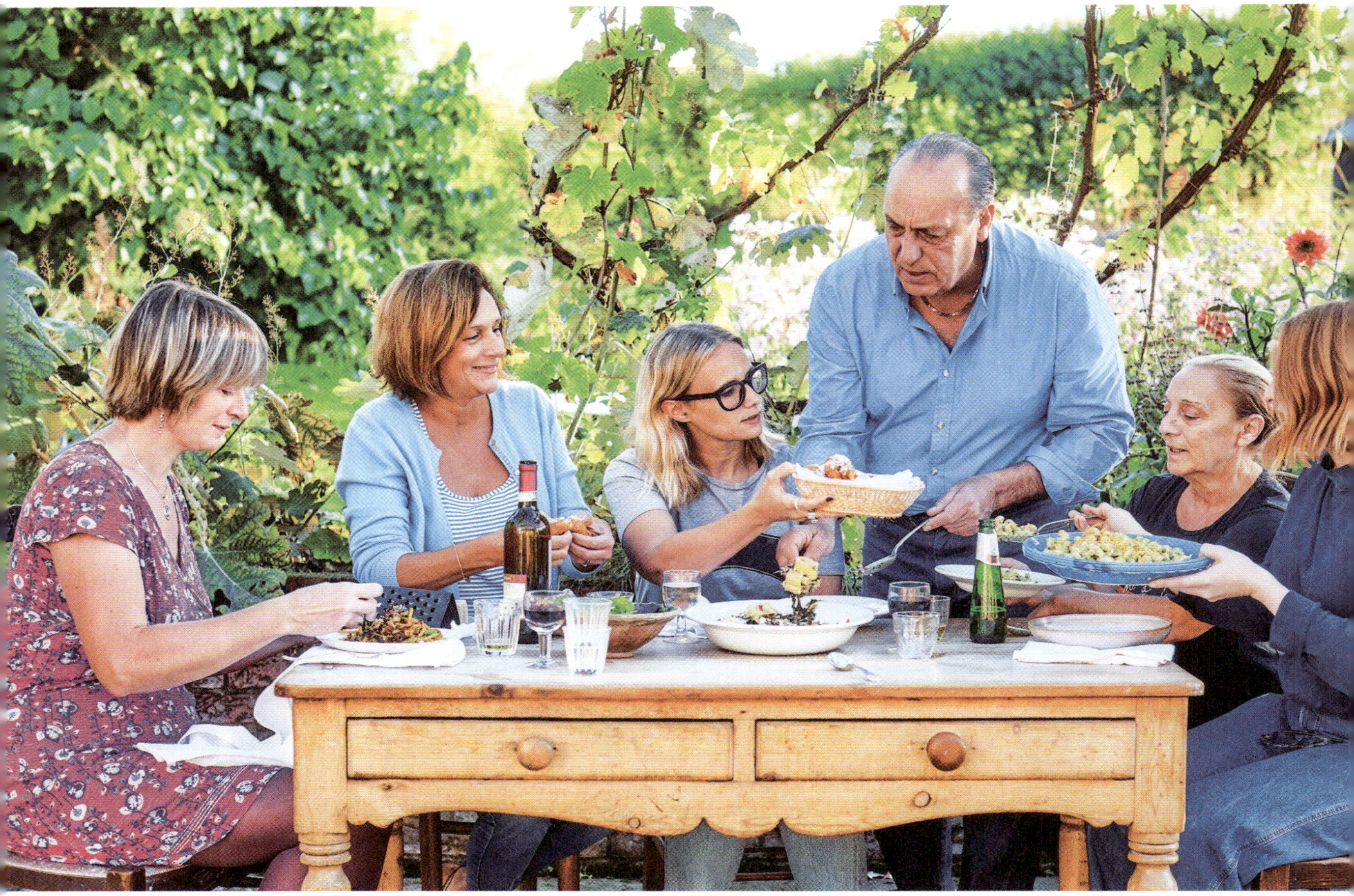

Titel der englischen Originalausgabe: »Pasta Perfecto!«

First published in the United Kingdom
in 2019 by Pavilion, 43 Great Ormond Street, London,
WC1N 3HZ

Deutsche Erstausgabe
4. Auflage 2022

www.arsvivendi.com

Deutsche Übersetzung: Manuela Schomann
Lektorat: Simone Gerlach
Satz: ars vivendi
Umschlaggestaltung: ars vivendi

ISBN 978-3-7472-0117-6
Printed in Italy

INHALT

DIE PERFEKTE PASTA

Ich freue mich so sehr, dass ich über mein Lieblingsessen Pasta ein Buch schreiben darf!

In Italien ist Pasta nicht einfach nur ein Nahrungsmittel, sondern steht für eine lange Tradition. Bei den meisten italienischen Familien ist eine Mahlzeit ohne Pasta nicht komplett, egal, ob es sich um getrocknete, frische, gefüllte oder gebackene Pasta oder um Pasta als Suppeneinlage handelt. Wie die Pasta nach Italien kam, ist umstritten, doch man erzählt sich immer wieder, dass Marco Polo sie von seiner Reise nach China mitgebracht habe. Laut historischen Belegen waren *macaroni* und *spaghetti* allerdings schon lange vorher in Italien bekannt. *Lagane* gab es bereits zu Zeiten der alten Römer: Sie wurde gebacken und ist wahrscheinlich die Vorläuferin unserer heutigen *lasagne*.

Die moderne Pasta hat ihren Ursprung in den Küchen der süditalienischen Hausfrauen, die sie aus den Grundzutaten Mehl und Wasser herstellten – im dortigen Klima gedeiht der Pastahartweizen bestens. Nach und nach breitete sich die Pasta im ganzen Land aus und wurde schließlich zum beliebten Alltagsgericht.

Bereits um 1300 begann man, frische Pasta zu trocknen, sodass man sie auf Seereisen mitnehmen konnte. Aufgrund ihrer langen Haltbarkeit war sie dafür perfekt geeignet. Ende des 19. Jahrhunderts konnte man in vielen neapolitanischen Straßen zum Trocknen aufgehängte Pasta sehen. Die langen Stränge hingen über Stangen in der heißen Sonne. In meiner Kindheit gab es in meinem Heimatdorf Minori eine Mühle und eine kleine Pastafabrik; ich erinnere mich noch dunkel an in der Sonne trocknende Pasta. Anschließend wurde sie in vor Ort hergestelltes, leuchtend blaues Papier gewickelt und verkauft. Im Laufe der Zeit hat sich der Trockenprozess verändert: Die traditionellen Methoden wurden modernisiert und neue Technologien hielten ihren Einzug. Heute stellen wesentlich größere Fabriken, die einen bedeutenden Industriezweig bilden, in ganz Italien Pasta her. Die vielleicht größten und beliebtesten Fabriken stehen in Gragnano, einem Städtchen in der Nähe von Neapel.

Italienische Emigranten nahmen ihre geliebte Pasta mit und verbreiteten sie in aller Welt. Pasta ist schnell und einfach zubereitet und enorm wandlungsfähig. Die Rezepte reichen von der superschnellen Tomaten- oder Pestosauce für *spaghetti* bis hin zu aufwendigeren, gebackenen Gerichten oder langsam geschmorten *ragù*-Saucen. Das ist ja gerade das Schöne an Pasta – sie lässt sich für jede Gelegenheit und an jedes Budget anpassen. Pasta kann einfach nur aus (Vollkorn-)Mehl und Wasser hergestellt werden. In Norditalien enthält der Teig Eier. Inzwischen wird glutenfreie Pasta, z. B. aus Linsen- oder Kichererbsenmehl, immer beliebter.

Pasta ist ein wichtiger Bestandteil der mediterranen Ernährung und, wenn man sie in der richtigen Menge mit einer guten, hausgemachten Sauce isst, kann sie sehr gesund sein. Sie ist ein hervorragender Kohlenhydratlieferant, gibt die Energie langsam ab, ist cholesterinfrei und hat einen niedrigen glykämischen Index, was ideal für Diabetiker ist. Zudem begünstigt Pasta die Bildung von Serotonin im Körper, ein Hormon, das entspannend wirkt und Zufriedenheit fördert.

Ich esse Pasta, jeweils unterschiedlich zubereitet, jeden Tag mit großem Vergnügen. So weiß ich, dass ich mich gut, nährstoff- und abwechslungsreich ernähre. Ich habe dieses Buch in Kapitel für getrocknete, frische, gefüllte und gebackene Pasta aufgeteilt und durch einige Grundrezepte für selbst gemachte frische Saucen ergänzt. Ich hoffe, Sie haben Spaß dabei, einige meiner Lieblingsrezepte nachzukochen – von traditionellen Klassikern bis zu modernen Versionen dieser fantastischen italienischen Spezialität.

WIE MAN PERFEKTE PASTA KOCHT

Einen großen Topf mit reichlich Wasser füllen: Pasta muss sich beim Kochen bewegen können.

Man rechnet mit 1 Liter Wasser pro 100 g Pasta.

Das Wasser in einem großen Topf mit Deckel zum Kochen bringen. Wenn das Wasser gerade zu kochen beginnt, den Deckel abnehmen und Salz zugeben.

Pro 1 Liter Wasser 7–10 g (1 ½–2 TL) Salz verwenden. Das mag viel erscheinen, aber Pasta braucht diesen Aromakick!

Sobald das Wasser kräftig sprudelt, die Pasta hineingeben und mit einem Holzlöffel umrühren, damit sie nicht zusammenklebt. Den Deckel nicht wieder auflegen.

Die Pasta kochen, bis sie fast gar oder – wie wir Italiener gerne sagen – *al dente* ist. Das bedeutet wörtlich »bis zum Zahn«: Die Pasta sollte also weich genug zum Essen sein, aber noch ein wenig Biss haben. So dauert das Kauen der Nudeln länger, was einem mehr Zeit gibt, sie zu schmecken und zu genießen und sie anschließend richtig zu verdauen. Es gibt nichts Schlimmeres als zu weich gekochte Pasta!

Bei getrockneter Pasta zuerst die Packungsanweisung lesen – ich verkürze die Kochzeit meist um einige Minuten. Einfach immer wieder probieren, bis sie den gewünschten Gargrad erreicht hat. Frische Pasta wie *spaghetti* oder *tagliatelle* braucht nur 1–2 Minuten, frische gefüllte Pasta nur wenig länger. Auch hier probieren, bis Sie zufrieden sind!

Vor dem Abseihen ein paar Esslöffel Kochwasser abschöpfen und in einer Schüssel beiseitestellen. Damit können Saucen nach Belieben ein wenig verdünnt werden, sodass sie die Pasta besser überziehen und die Nudeln schön glänzen.

Die Pasta in einem Sieb abseihen. Oder für lange Pasta eine Küchenzange und für kurze Pasta eine Pastagabel oder einen Schaumlöffel verwenden, um sie sofort mit der Sauce zu mischen.

PASTAFORMEN UND DIE RICHTIGEN SAUCEN

Die Frage, welche Pastaform mit welcher Sauce kombiniert werden soll, nehmen die Italiener sehr genau. Und das hat auch seine Berechtigung, selbst wenn es absurd klingen mag: Manche Formen passen einfach besser zu gewissen Saucen. Als Italiener wächst man damit auf und weiß es dann instinktiv – ich muss die Form nur ansehen und weiß, welche Sauce dazugehört.

Grundsätzlich sollten Sie lange, dünne Pastaformen wie *spaghetti* oder *linguine* mit schnellen, leichten Saucen wie Tomatensauce kombinieren oder sie zu Fisch servieren. Kurze, dicke Formen wie *penne* oder *rigatoni* passen bestens zu eher schweren, kräftig schmeckenden Saucen und *ragùs*, denn die dicke Sauce haftet besser an den Rillen und Rippen dieser Pasta. Auch wenn viele Nicht-Italiener glauben, dass *spaghetti* und Bolognesesauce zusammengehören, stimmt es doch nicht: Das *ragù* rutscht einfach von den dünnen Nudeln herunter. Italiener essen Bolognese mit *tagliatelle* oder *pappardelle*, da die Fleischsauce an diesen dicken Nudeln besser haftet. In Süditalien isst man unser traditionelles Fleisch-*ragù* mit dicken, gerippten *rigatoni* oder langen, dicken *ziti*.

Kleine Formen wie *farfalle* oder *fusilli* eignen sich perfekt für Salate. Italiener verwenden kleinere *ditalini* oder *macaroni* für dicke Gemüse- und Bohnensuppen. Die ganz kleinen Formen (*pastina*) wie *stelline* (Sternchen) oder Buchstaben machen sich gut in leichten Brühen. Und wie die klassischen *cannelloni* werden auch *conchiglioni* (große Muscheln) und *paccheri* (große Röhrennudeln) für wunderbare gebackene Gerichte gefüllt.

Die diversen Formen und Saucen variieren natürlich je nach Region, Klima und typischen Anbauprodukten. *Pesto Genovese* stammt z. B. aus Ligurien, wo reichlich Basilikum wächst und ein mildes Olivenöl produziert wird. Im kühleren Norditalien sind sahnige Butter- und Käsesaucen beliebt, während im Süden die Tomate im Mittelpunkt steht. Deshalb entwickelten sich bestimmte Pastaformen und -gerichte in Kombination mit den verfügbaren Zutaten, sodass es heute zum Glück eine große Auswahl daran gibt.

TIPPS FÜR BELIEBTE FORMEN-SAUCEN-KOMBINATIONEN

CONCHIGLIE
Saucen auf Tomatenbasis

CONCHIGLIONI (große Muscheln)
gefüllt und gebacken

FARFALLE
leichte Gemüse- und Fischsaucen, Pesto, Salate

FUSILLI
Pesto, leichte Tomaten- und Olivensaucen, gebackene Gerichte

LINGUINE
Pesto, leichte Fisch- und Meeresfrüchtegerichte

MACARONI
Bohnensuppen, Minestrone, mit Käse Überbackenes

ORECCHIETTE
Tomatensaucen, Brokkoli mit nativem Olivenöl extra und Chili (typisches Gericht aus Apulien), Fleisch-*ragù*

PACCHERI
Fleisch-*ragù*, gebackene Gerichte

PAPPARDELLE
Bolognese-*ragù*, Wild, Pilze

PASTINA (Sternchen, *orzo*, *farfalline* (kleine Schmetterlinge), *anellini* (Ringlein), Buchstaben)
leichte Brühen und Suppen

PENNE
Gemüse-Tomaten-Saucen, Arrabbiata-Saucen, Gemüse

RIGATONI
Fleisch-*ragùs*, gebackene Gerichte

SPAGHETTI
leichte Tomatensaucen, Meeresfrüchte (z. B. Venusmuscheln), Carbonarasaucen, zerteilt in Suppen

SPIRALI
Pesto, leichte Tomatensaucen, gebackene Gerichte

TAGLIATELLE
Bolognese-*ragù*, Pilze, Wild

PASTA DI

GETROCKNETE PASTA

Dieses Kapitel ist am umfangreichsten, denn getrocknete Pasta ist so unglaublich vielseitig. Sie ist schnell und leicht gekocht und kann jeden Tag auf andere Weise zubereitet werden. Wie alle Italiener habe ich stets eine gute Auswahl im Vorratsschrank – einige Sorten *pasta lunga* (lange Pasta) wie *spaghetti*, *linguine* und *tagliatelle*, dann *pasta corta* (kurze Pasta) wie *penne*, *farfalle* und *rigatoni*, und schließlich kleine Formen als Suppennudeln. Zusammen mit einigen Grundzutaten aus dem Vorrat und frischen Produkten kann in kürzester Zeit eine sättigende, köstliche Mahlzeit gezaubert werden.

Heutzutage gibt es eine ungeheure Vielfalt an Pastaformen zu kaufen. In Italien kann man aus 650 Sorten wählen! Selbst die altbekannten *spaghetti* werden in vielerlei Varianten verkauft, von dünnen *spaghettini* bis zu dickeren *spaghettoni*. Ich entdecke gerne neue Formen und überlege mir dann, wie ich sie zubereiten könnte.

Die Garzeit für getrocknete Pasta variiert je nach Größe, Form und Marke. Deshalb habe ich in diesem Kapitel keinerlei Garzeiten angegeben. Orientieren Sie sich am besten an den Packungsangaben. Ich esse meine Pasta am liebsten sehr *al dente*, weshalb ich die angegebene Garzeit immer verkürze und die Nudeln während des Kochens mehrmals probiere.

Es lohnt sich, für die italienischen Qualitätspastamarken, die man etwas länger kochen muss, ein wenig mehr zu bezahlen. Die Produzenten verwenden Hartweizen von hoher Qualität und halten sich bei der Herstellung und beim Trocknen an strenge Regeln und Vorgaben. Sehen Sie sich nach Pasta um, die nach dem Bronzeverfahren hergestellt wurde: Der Pastateig wird dabei durch traditionelle Formen aus Bronze gedrückt. Dadurch wird die Pastaoberfläche rauer, sodass die Sauce besser haftet. Lassen Sie sich nicht von den billigeren »Schnellkochnudeln« verführen – den Unterschied schmeckt man!

INSALATA PRIMAVERILE DI FUSILLI, FAVE, PISELLI E PECORINO

Frühlingspastasalat mit Dicken Bohnen, Erbsen und Pecorino

Auch wenn Erbsen und Dicke Bohnen fast überall als Tiefkühlware erhältlich sind, ziehe ich es vor, dieses Gemüse im Frühjahr ganz frisch zu verspeisen. Auf dem Land isst man in Italien die rohen Dicken Bohnen mit Pecorino, was mich zu diesem Pastasalat inspiriert hat.

Für 4 Personen

Meersalz
325 g Pasta *fusilli bucati corti*
150 g frische Dicke Bohnen (Nettogewicht)
150 g frische Erbsen (Nettogewicht)
5 EL natives Olivenöl extra, plus etwas mehr zum Beträufeln
60 g Pecorino, gerieben
2 Scheiben *prosciutto* (Parmaschinken), fein gehackt
1 Knoblauchzehe, sehr fein gehackt oder gepresst
½ Handvoll Minze- oder Basilikumblätter, frisch gehackt
schwarzer Pfeffer aus der Mühle
gehobelter Pecorino zum Servieren

Wasser mit Salz in einem großen Topf zum Kochen bringen und die *fusilli bucati corti* darin *al dente* garen.

Inzwischen die Dicken Bohnen in kochendem Wasser 5 Minuten blanchieren, bis sie zart, aber nicht zu weich sind. Abseihen und zum Abkühlen beiseitestellen. Mit den Erbsen ebenso verfahren, diese jedoch nur 3 Minuten blanchieren.

Olivenöl, Pecorino, *prosciutto*, Knoblauch und Minze in einer kleinen Schüssel zu einem Dressing vermengen, leicht pfeffern und beiseitestellen.

Die Pasta abseihen, 1 Spritzer Olivenöl unterheben (damit sie nicht zusammenklebt) und abkühlen lassen.

Pasta, Dicke Bohnen, Erbsen und Dressing in einer großen Schüssel vermengen und mit Pecorinospänen bestreut servieren.

INSALATA DI PASTA ALLA PUTTANESCA

Puttanesca-Pastasalat

Dieser Pastasalat enthält alle Zutaten einer klassischen *puttanesca*-Sauce – allerdings roh verwendet. Mit typisch italienischen Zutaten aus dem Vorrat ist der Salat jederzeit schnell gemacht. Am besten schmeckt er während der Sommermonate. Reste können Sie am nächsten Tag fürs Mittagessen mitnehmen.

Für 4 Personen

Meersalz
325 g Pasta *casarecce*
500 g Datteltomaten, halbiert
10 schwarze Oliven
10 grüne Oliven
1 EL Kapern
5 Sardellenfilets
1 Knoblauchzehe, fein gehackt
1 TL getrockneter Oregano
½ rote Chilischote (nach Belieben)
4 EL natives Olivenöl extra, plus etwas mehr zum Beträufeln
1 Handvoll Basilikumblätter

Wasser mit Salz in einem großen Topf zum Kochen bringen und die *casarecce* darin *al dente* garen.

Inzwischen Tomaten, Oliven, Kapern, Sardellen, Knoblauch, Oregano, Chili, Olivenöl und etwas Salz vermengen und beiseitestellen.

Die Pasta abseihen, ein wenig Olivenöl unterheben und abkühlen lassen.

Pasta und Tomatensalat mischen, die Basilikumblätter zugeben und vor dem Servieren mindestens 5 Minuten durchziehen lassen. Den Salat kühl stellen, falls er nicht sofort verzehrt wird.

INSALATA DI FARFALLE CON ZUCCHINE E GAMBERETTI

Pastasalat mit Babyzucchini und Garnelen

Ein köstlich-leichter Pastasalat für die Frühlings- und Sommermonate, wenn die Babyzucchini am zartesten schmecken. Er lässt sich gut vorbereiten und zu Picknick oder Party mitnehmen.

Für 4 Personen

Meersalz

325 g Pasta *farfalle*

4 Babyzucchini, in Juliennestreifen geschnitten

200 g gekochte Riesengarnelen

5 Datteltomaten, halbiert

4 EL natives Olivenöl extra, plus etwas mehr zum Beträufeln

1 Handvoll Basilikumblätter

Wasser mit Salz in einem großen Topf zum Kochen bringen und die *farfalle* darin *al dente* garen.

Zucchinistreifen, Garnelen, Tomaten, Olivenöl und Basilikum in einer großen Schüssel vermengen. Leicht salzen, mit Frischhaltefolie abdecken und marinieren, bis die Pasta gekocht ist.

Die Pasta abseihen, ein wenig Olivenöl unterheben (damit sie nicht zusammenklebt) und abkühlen lassen.

Die abgekühlte Pasta mit den anderen Zutaten mischen. Sofort servieren oder bis zur Verwendung im Kühlschrank aufbewahren. Vor dem Servieren auf Zimmertemperatur erwärmen lassen.

INSALATA DI PASTA INVERNALE

Winterlicher Pastasalat

Ein schneller, einfacher Pastasalat mit Winterradicchio. Die süßen Birnen passen gut zum leicht bitteren Radicchio und üppigen Gorgonzola, während die Walnüsse den Salat schön knusprig machen. Ein nahrhaftes Mittagessen, das sich gut vorbereiten lässt.

Für 4 Personen

Meersalz

280 g Pasta *ruote (rotelle)*

natives Olivenöl extra

100 g Radicchio, in Streifen geschnitten

200 g Birne (Conference), geschält und in Scheiben geschnitten

60 g Walnusskerne, grob gehackt

100 g Gorgonzola, zerbröckelt

Aceto balsamico zum Beträufeln

schwarzer Pfeffer aus der Mühle

Wasser mit Salz in einem großen Topf zum Kochen bringen und die Pasta *ruote* darin *al dente* garen. Abseihen, unter fließendem kalten Wasser abspülen und erneut abseihen. Etwas Olivenöl unterheben, damit die Pasta nicht zusammenklebt. Zum Abkühlen beiseitestellen.

Inzwischen die anderen Salatzutaten vorbereiten.

Abgekühlte Pasta, Radicchio, Birne, Walnüsse und Gorgonzola vermengen, mit etwas Olivenöl und Aceto balsamico beträufeln und mit Salz und Pfeffer würzen.

PASTACINI

Pastakroketten

Während man aus Risotto *arancini* rollt, dreht man Pasta zu Kroketten. Ein köstlicher Snack – auch aus Pastaresten schnell gemacht. Bei der Zubereitung kleckert es ein wenig, aber die Kids helfen sicher gerne mit!

Ergibt 8 Kroketten
Meersalz
125 g Pasta *tagliatelle*
2 EL Butter
30 g Parmesan, gerieben
Weizenmehl zum Bestäuben und Panieren
30 g Kochschinken, fein gehackt
50 g Mozzarella, abgetropft und fein gewürfelt
2 Eier
Semmelbrösel zum Panieren
Pflanzenöl zum Frittieren

Wasser mit Salz in einem großen Topf zum Kochen bringen und die *tagliatelle* darin *al dente* garen. Gut abseihen und mit Butter und Parmesan vermengen. Zum Abkühlen beiseitestellen.

Die Arbeitsfläche leicht mit Mehl bestäuben. Die abgekühlten *tagliatelle* klein schneiden und in 8 Portionen teilen. Ein wenig Kochschinken und Mozzarella auf jede Portion legen, dann die Häufchen mit den Händen zu Kroketten formen. Jede Krokette fest in Frischhaltefolie wickeln und 20 Minuten in den Tiefkühler legen.

Etwas Mehl auf einen Teller geben, die Eier in einer Schüssel verquirlen. Reichlich Semmelbrösel auf einen weiteren Teller schütten und danebenstellen. Jede Krokette auswickeln, in Mehl wenden, in die Eimischung tauchen und schließlich in den Semmelbröseln wälzen.

Genügend Pflanzenöl in einer tiefen, schweren Pfanne erhitzen (wenn ein Brotwürfel in 30 Sekunden braun wird, ist es heiß genug). Die Kroketten 3–4 Minuten darin goldbraun frittieren. Mit einem Schaumlöffel herausheben, auf Küchenpapier abtropfen lassen und noch heiß servieren!

FRITTATA DI PASTA AVANZATA

Pastareste-Frittata

Eine leckere Methode zur Verwertung von Pastaresten und anderen Zutaten wie Käse, Schinken oder Grillgemüse. In der italienischen Küche war dies lange Zeit ein bewährtes Resterezept, doch inzwischen wird es eigens in kleinen Portionen hergestellt und als Street Food verkauft.

Für 4 Personen

3 Eier

125 g Parmesan, gerieben

85 g Butter, zerlassen

10 Basilikumblätter, grob zerpflückt

10 Datteltomaten oder 4 EL Tomatensaucenrest

Reste wie Schinken-, Salami- oder Käsestückchen oder Grillgemüse (nach Belieben)

Meersalz und schwarzer Pfeffer aus der Mühle

350 g gekochte Pastareste

3 EL natives Olivenöl extra

Eier in einer großen Schüssel verquirlen. Dann Parmesan, Butter, Basilikumblätter, Tomaten oder Tomatensauce und nach Belieben verschiedene Reste unterrühren. Salzen, pfeffern und alles mit den Pastaresten vermengen.

Das Olivenöl in einer großen, feuerfesten Pfanne mit Antihaftbeschichtung bei mittlerer Hitze heiß werden lassen. Die Pastamischung hineingeben und wie ein Omelette 4–5 Minuten backen, bis die Unterseite fest ist. Die Frittata vorsichtig auf einen großen Teller stürzen und mit der ungebackenen Seite wieder in die Pfanne gleiten lassen. Erneut 4–5 Minuten garen. Alternativ in den Backofen unter den Grill stellen, bis die Frittata goldgelb ist. Heiß oder kalt servieren.

MINESTRONE GENOVESE

Minestrone mit Pesto

Ursprünglich wurde diese Suppe mit Gemüse aus dem Garten zubereitet und an die Matrosen verkauft, deren Schiffe in Genua anlegten: So konnten sie nach langer Zeit auf See etwas Frisches zu sich nehmen. Traditionell hat man die Suppe so dick eingekocht, dass ein Löffel darin stecken blieb! War etwas übrig, wurde es aufgeschnitten und gebraten. Meine Version ist nicht so dick – außerdem schwitze ich das Gemüse gerne an, damit es aromatischer schmeckt. Ist Ihr Gemüse wirklich superfrisch, dann reicht es auch, es nur zu kochen. Durch das Pesto erhält die Suppe eine schöne, grüne Farbe und schmeckt intensiv nach Basilikum.

Für 4–6 Personen

4 EL natives Olivenöl extra
1 große Zwiebel, fein gehackt
1 Stange Staudensellerie, fein gehackt
1 große Karotte, fein gehackt
1 kleine Zucchini, in kleine Stücke geschnitten
1 große Kartoffel, geschält und in kleine Stücke geschnitten
140 g Mangold, mit Stängeln fein gehackt
2 frische Eiertomaten, entkernt und gewürfelt
1,5 l heiße Gemüsebrühe
schwarzer Pfeffer aus der Mühle
400 g Borlotti-Bohnen (aus der Dose), abgeseiht
120 g dicke *spaghetti*, in 5 cm große Stücke gebrochen
1 Portion Basilikumpesto (siehe S. 168)

Das Olivenöl in einem großen Topf bei mittlerer Hitze heiß werden lassen. Zwiebel, Staudensellerie und Karotte darin 2–3 Minuten anschwitzen, bis sie weich sind. Zucchini, Kartoffel, Mangold und Tomaten zufügen und 1 weitere Minute sautieren. Die Brühe zugießen, mit schwarzem Pfeffer würzen und einen Deckel auflegen. Die Temperatur erhöhen und die Suppe zum Kochen bringen. Die Hitze reduzieren und alles 15 Minuten köcheln lassen, bis das Gemüse gar, aber nicht zu weich ist.

Die Borlotti-Bohnen unterrühren und 2 Minuten mitgaren. Die Temperatur erhöhen und die Suppe erneut zum Kochen bringen. Die *spaghetti*-Stücke zugeben, die Hitze erneut reduzieren und köcheln, bis die Pasta *al dente* ist.

Die Suppe vom Herd nehmen und 3 Minuten durchziehen lassen. Das Pesto unterrühren und die Minestrone servieren.

T.C.

ZUPPA DI VERDURE E PASTINA

Gemüsesuppe mit Pastina

Eigentlich sollte dieses Rezept den Namen »Olivias Suppe« tragen, da es das Lieblingsessen meiner Tochter Olivia ist. Als kleine Pastaformen (*pastina*) gibt es Sternchen, Schmetterlinge und Buchstaben. Oder Sie nehmen in Stückchen gebrochene *capelli d'angelo* (sehr dünne *spaghetti*), falls Sie nichts anderes im Haus haben. In Italien existiert eine große Auswahl an *pastina*-Formen. Soll sie noch aromatischer schmecken, kocht man die *pastina* in hausgemachter Fleischbrühe (Dreierlei-Fleisch-Brühe, siehe S. 112) anstatt in Gemüsebrühe.

Für 4 Personen

3 EL natives Olivenöl extra

½ Zwiebel, fein gehackt

½ Stange Staudensellerie, fein gehackt

1 Karotte, fein gehackt

85 g Zucchini, fein gehackt

800 ml heiße Gemüsebrühe

85 g *pastina* (kleine Pastaformen)

geriebener Parmesan zum Servieren (nach Belieben)

Das Olivenöl in einem mittelgroßen Topf bei mittlerer Hitze heiß werden lassen. Zwiebel, Staudensellerie, Karotte und Zucchini darin 2–3 Minuten anbraten, bis das Gemüse etwas weich wird. Gemüsebrühe zugießen und zum Kochen bringen. Dann die Temperatur reduzieren und 5 Minuten leise köcheln lassen. Die *pastina* zufügen und *al dente* garen.

Die Gemüsesuppe auf Servierschüsseln verteilen, nach Belieben mit Parmesan bestreuen und sofort servieren.

ZUPPA DI LENTICCHIE CON DITALINI E RICOTTA SALATA

Linsensuppe mit Ditalini und Ricotta Salata

Ein schneller Eintopf – ideal für unter der Woche nach einem hektischen Tag. Bei uns steht Linsen-Pasta-Suppe ganz oben auf der Beliebtheitsskala, besonders in den kühleren Monaten. Die Kräuter und der *ricotta salata* sorgen bei diesem Seelenwärmer für Frische. *Ricotta salata* ist in guten italienischen Lebensmittelläden erhältlich. Aber Sie können stattdessen auch geriebenen Parmesan nehmen.

Für 4 Personen

300 g grüne oder braune Linsen, verlesen und abgespült

1 Stange Staudensellerie mit Blättern, fein gehackt

1 Karotte, fein gehackt

1 Kartoffel, geschält und in kleine Stücke geschnitten

6 Datteltomaten, halbiert

1 ganze Knoblauchzehe

2 EL natives Olivenöl extra, plus etwas mehr zum Beträufeln

2 l Gemüsebrühe

75 g Pasta *ditalini*

Meersalz und schwarzer Pfeffer aus der Mühle

1 EL frisch gehackte Thymian- und Majoranblätter zum Servieren

85 g geriebener *ricotta salata* zum Servieren

Linsen, Staudensellerie, Karotte, Kartoffel, Tomaten, Knoblauch, Olivenöl und Gemüsebrühe in einen großen Topf geben. Einen Deckel auflegen und die Suppe zum Kochen bringen. Die Temperatur reduzieren und 20–30 Minuten leise köcheln lassen (Kochzeit laut Anweisung auf der Linsenpackung).

Die *ditalini* zufügen und *al dente* garen. Vom Herd nehmen und mit Salz und Pfeffer abschmecken.

Die Linsensuppe auf Servierschüsseln verteilen, mit schwarzem Pfeffer, Kräutern und *ricotta salata* bestreuen und sofort servieren.

CARBONARA MARE E MONTI

Meer-und-Berge-Carbonara

Mare e monti **ist ein typisches Pastagericht, das Meeresfrüchte und an Land produzierte Nahrungsmittel enthält. Die** ***carbonara*****-Mischung aus Eigelb und Sahne passt wirklich gut zu Muscheln, Salami und sonnengetrockneten Tomaten. Probieren Sie diese etwas anders schmeckende, aber ebenso köstliche Variante des Klassikers mit Speck aus.**

Für 4 Personen

1 kg Venusmuscheln
200 ml Weißwein
Meersalz
350 g Pasta *spaghetti*
2 EL natives Olivenöl extra
1 Bananenschalotte, fein gehackt
60 g pikante Salami, gehackt
60 g sonnengetrocknete Tomaten, gehackt
4 Eigelb
3 ½ EL Crème double
2 EL frisch gehackte Petersilie

Die Muscheln in reichlich kaltem Wasser waschen, um jeglichen Schmutz zu entfernen. Beschädigte oder offene Muscheln entsorgen. Venusmuscheln und Weißwein in einen Topf geben, einen Deckel auflegen und bei mittlerer Hitze 2–3 Minuten kochen, bis sich die Muscheln öffnen. Danach noch geschlossene Muscheln entsorgen. Abseihen, dabei die Kochflüssigkeit auffangen. Sobald die Muscheln kühl genug zum Anfassen sind, das Fleisch herauslösen und beiseitestellen. Die Schalen entsorgen. Nach Belieben einige Muscheln als Garnierung intakt lassen.

Wasser mit Salz in einem großen Topf zum Kochen bringen und die *spaghetti* darin *al dente* garen.

Inzwischen das Olivenöl bei mittlerer Hitze in einer großen Pfanne heiß werden lassen und die Schalotte darin einige Minuten anbraten. Salami und Tomaten zufügen und 1 weitere Minute garen. Muschelfleisch und Sud zugeben und bei mittlerer Hitze braten, bis die *spaghetti* fertig sind.

Eigelb und Crème double in einer Schüssel verquirlen und beiseitestellen.

Die *spaghetti* abseihen, unter die Muschelsauce heben und die Pfanne vom Herd nehmen. Schnell die Eimischung unterrühren, sodass die *spaghetti* gut damit überzogen sind. Mit Petersilie bestreuen und sofort servieren.

CAVATELLI CON FRUTTI DI MARE E CECI

Cavatelli mit Meeresfrüchten und Kichererbsen

***Cavatelli* sind kleine Pastamuscheln aus Teig ohne Ei, die in guten italienischen Lebensmittelläden getrocknet erhältlich sind. Sie sind die ideale Ergänzung zu Meeresfrüchten und Kichererbsen, wie dieses Rezept zeigt. Falls Sie keine *cavatelli* bekommen, kann man sie durch *gnocchetti sardi* ersetzen.**

Für 4 Personen

500 g frische Miesmuscheln
500 g frische Venusmuscheln
100 ml Weißwein
Meersalz
300 g Pasta *cavatelli*
4 EL natives Olivenöl extra, plus etwas mehr zum Beträufeln
2 Knoblauchzehen, fein gehackt
250 g Kirschtomaten, geviertelt
400 g Kichererbsen (aus der Dose), abgeseiht
1 Handvoll Petersilienblätter, frisch gehackt

Die Muscheln in reichlich kaltem Wasser waschen, um jeglichen Schmutz zu entfernen. Die Miesmuscheln entbarten und gut abspülen. Beschädigte oder offene Muscheln entsorgen. Muscheln und Wein in einem großen Topf mit dicht schließendem Deckel bei mittlerer Hitze 2–3 Minuten garen, bis sich alle Muscheln geöffnet haben (noch geschlossene Muscheln nun entsorgen). Abseihen, dabei die Kochflüssigkeit auffangen.

Das Fleisch aus zwei Dritteln der Muscheln herauslösen und beiseitestellen. Die restlichen Muscheln zur Garnierung in der Schale lassen.

Wasser mit Salz in einem großen Topf zum Kochen bringen und die Pasta *cavatelli* darin *al dente* garen.

Olivenöl bei mittlerer Hitze in einer großen Pfanne heiß werden lassen und den Knoblauch darin 1 Minute anschwitzen. Tomaten zufügen und unter Rühren 1 Minute braten. Alle Muscheln (aufpassen, dass die Muschelschalen nicht brechen), Kichererbsen, drei Viertel der Petersilie und den Muschelsud zugeben und weitere 5 Minuten garen. Abschmecken und, falls nötig, ein wenig salzen.

Die Pasta abseihen und ein wenig Kochwasser aufbewahren. Die Pasta unter die Muschelsauce mischen und etwas Muschelsud oder Pastakochwasser zugießen. Die Temperatur erhöhen und 1 Minute garen. Vom Herd nehmen, mit der restlichen Petersilie bestreuen und mit ein wenig Olivenöl beträufeln. Sofort servieren.

LINGUINE AL CARTOCCIO CON GAMBERI E PESTO

Gedämpfte Linguine mit Riesengarnelen und Pesto

Wenn Ihre Gäste diese Päckchen voll gesunder Köstlichkeiten öffnen, wird die leichte, mit Riesengarnelen gedämpfte Pasta für Begeisterung sorgen! Im Päckchen gedämpfte Gerichte sind nicht nur hübsch anzusehen, sondern bewahren zudem das Aroma der Zutaten. Ich habe hier mit Alufolie beschichtetes Backpapier verwendet. Sie können aber auch ein normales Backpapierpäckchen in Alufolie wickeln. Unbedingt fest verschließen, damit die Flüssigkeit während des Garens nicht austritt.

Für 4 Personen

Meersalz

350 g Pasta *linguine*

150 g Basilikumpesto (siehe S. 168)

natives Olivenöl extra zum Beträufeln

8 küchenfertige rohe Riesengarnelen

schwarzer Pfeffer aus der Mühle

125 ml Weißwein

4 Bio-Zitronenscheiben und einige Basilikumblätter zum Garnieren

Den Backofen auf 180 °C (Umluft)/200 °C (Ober-/Unterhitze) vorheizen.

Wasser mit Salz in einem großen Topf zum Kochen bringen und die Pasta darin die Hälfte der auf der Packung angegebenen Kochzeit garen. Gut abseihen, mit der Hälfte der Pestosauce vermengen und beiseitestellen.

4 Blätter Backpapier-Alufolie (mit der Aluseite nach unten) auf der Arbeitsfläche verteilen und mit Olivenöl beträufeln. Die *linguine* in 4 Portionen teilen und je 1 Portion auf das Backpapier geben. Mit je 2 Riesengarnelen belegen, mit dem restlichen Pesto krönen und mit Salz und Pfeffer würzen. Weißwein und Olivenöl über jede Portion träufeln. Die Päckchen gut verschließen, auf ein Backblech legen und 12 Minuten im Ofen backen.

Aus dem Backofen nehmen, die Päckchen jeweils mit Zitronenscheibe und Basilikumblättern garnieren und servieren.

LINGUINE ALLE VONGOLE

Linguine mit Venusmuscheln

Pasta mit Venusmuscheln wird überall entlang der italienischen Küste gegessen. Damit es richtig nach Meer schmeckt, sollten Sie bei Ihrem Fischhändler frische Venusmuscheln kaufen. Wenn man die Venusmuscheln erst geputzt hat, ist das Gericht im Nu zubereitet.

Für 4 Personen

1 kg frische Venusmuscheln

Meersalz

350 g Pasta *linguine*

3 EL natives Olivenöl extra, plus etwas mehr zum Beträufeln

2 Knoblauchzehen, in feine Scheiben geschnitten

8 Kirschtomaten, halbiert

1 Handvoll Petersilienblätter, frisch gehackt

150 ml Weißwein

Die Venusmuscheln gründlich unter fließendem kaltem Wasser säubern. Dann in einer Schüssel mit reichlich gesalzenem kalten Wasser bedecken und 2 Stunden einweichen – so werden die Venusmuscheln endgültig gereinigt. Anschließend unter fließendem kalten Wasser abspülen und beiseitestellen. Beschädigte oder offene Muscheln entsorgen.

Wasser mit Salz in einem großen Topf zum Kochen bringen und die *linguine* darin *al dente* garen.

Das Olivenöl in einem großen Topf bei mittlerer Hitze heiß werden lassen. Knoblauch, Tomaten und die Hälfte der Petersilie zugeben und 1 Minute anschwitzen. Die Venusmuscheln zufügen und 1 Minute sautieren. Dann den Weißwein zugießen, einen Deckel auflegen und 2 Minuten garen, bis sich die Muschelschalen geöffnet haben. Noch geschlossene Venusmuscheln entsorgen.

Die Pasta abseihen, unter die Venusmuscheln heben und 1 Minute sautieren. Vom Herd nehmen und mit der restlichen Petersilie und etwas Olivenöl garnieren. Sofort servieren.

SPAGHETTINI AROMATICI

Spaghettini mit Kapern, Oliven und Sardellen

Für dieses wunderbar leichte Sommergericht müssen nur wenige Zutaten gekocht werden. Ich habe hier die dünneren *spaghettini* gewählt, da die Sauce daran besser haftet. Die Kombination aus gegarten Sardellen und rohen Kräutern, Kapern und Oliven schmeckt herrlich frisch und intensiv.

Für 4 Personen

Meersalz

350 g Pasta *spaghettini*

4 EL natives Olivenöl extra, plus etwas mehr zum Beträufeln

1 ganze Knoblauchzehe, zerdrückt

4 Sardellenfilets, fein gehackt

1 ½ TL Kapern, fein gehackt

10 entsteinte schwarze Oliven, fein gehackt

1 Handvoll glatte Petersilienblätter, frisch gehackt

6 Minzeblätter, frisch gehackt

Wasser mit Salz in einem großen Topf zum Kochen bringen und die *spaghettini* darin *al dente* garen.

Inzwischen das Olivenöl bei mittlerer Hitze in einer Pfanne heiß werden lassen, den Knoblauch darin 1 Minute leicht anbräunen, dann herausnehmen und entsorgen. Die Sardellen ins Knoblauchöl geben und braten, bis sie sich auflösen. Vom Herd nehmen und Kapern, Oliven und Kräuter unterrühren.

Die *spaghettini* abseihen und in der Sauce schwenken. Abschließend mit etwas Olivenöl beträufeln und sofort servieren.

BUCATINI CON LE SARDE E FINOCCHIETTO

Bucatini mit frischen Sardinen und wildem Fenchel

Das Besondere an diesem klassisch sizilianischen Gericht ist das Fenchelaroma. Dafür eignet sich am besten der stark duftende wilde Fenchel – Sie bekommen ihn beim guten Gemüsehändler oder mit viel Glück z. B. in alten Klostergärten. Falls Sie keinen wilden Fenchel finden, nehmen Sie das Fenchelgrün von Fenchelknollen. Die Knollen können Sie in feine Scheiben schneiden, mit Olivenöl, Salz und schwarzem Pfeffer anmachen und als erfrischende Beilage zur Pasta reichen. Die knusprigen Semmelbrösel galten früher als Parmesanersatz des »armen Mannes«. Hier ergänzen sie das Pastagericht aufs Schönste.

Für 4 Personen

1 große Handvoll wildes Fenchelgrün oder Fenchelgrün von 2 Fenchelknollen

4 EL natives Olivenöl extra

1 große Zwiebel, fein gehackt

1 Pck. Safranpulver (ca. 0,08 g)

40 g Pinienkerne

40 g Sultaninen, in etwas warmem Wasser eingeweicht

5 Sardellenfilets

150 g frische Sardinen, geputzt, Köpfe und Innereien entfernt, in Stücke geschnitten

Meersalz

300 g Pasta *bucatini*

Für das Topping:

1 EL natives Olivenöl extra

1 ganze Knoblauchzehe

40 g Semmelbrösel

Wasser in einem großen Topf mit wildem Fenchel oder Fenchelgrün zum Kochen bringen. Vom Herd nehmen und beiseitestellen, damit der Fenchel das Wasser aromatisiert. In diesem Wasser wird später die Pasta gekocht.

Das Olivenöl in einem großen Topf bei mittlerer Hitze heiß werden lassen und die Zwiebel darin 5 Minuten anschwitzen, bis sie weich ist. Safran, Pinienkerne, abgeseihte Sultaninen und Sardellenfilets zufügen und bei niedriger bis mittlerer Hitze garen, bis sich die Sardellen aufgelöst haben. Die Sardinenstücke zugeben, die Temperatur erhöhen und 2 Minuten unter Rühren braten. Dabei ein wenig Fenchelwasser zugießen.

Den Fenchel aus dem Wasser schöpfen und leicht abkühlen lassen. Dann fein hacken und beiseitestellen.

Das aromatisierte Wasser leicht salzen und zum Kochen bringen. Die *bucatini* darin *al dente* garen.

Inzwischen das Olivenöl für das Topping in einer kleinen Pfanne bei mittlerer Hitze heiß werden lassen. Die Knoblauchzehe zugeben und 1 Minute anschwitzen, dann die Semmelbrösel zufügen. Unter Rühren braten, bis das Öl aufgesogen ist und die Semmelbrösel goldbraun sind. Vom Herd nehmen und beiseitestellen. Die Knoblauchzehe entfernen.

Die Pasta abseihen und etwas Kochwasser aufbewahren. Pasta und Kochwasser in die Pfanne zur Sauce mit den Sardinen geben. Den Fenchel zufügen und bei hoher Hitze gründlich vermengen. Mit den Semmelbröseln bestreuen und sofort servieren.

MEZZI PACCHERI CON COZZE E LIMONE

Mezzi Paccheri mit Miesmuscheln und Zitrone

Der Geschmack des Meeres, meine geliebten Amalfi-Zitronen und eine meiner Lieblingspastaformen! *Mezzi paccheri* sind eine röhrenförmige Pastasorte aus Neapel (etwa halb so lang wie *paccheri*). Durch die gebackenen Miesmuscheln schmeckt alles schön knusprig.

Für 4 Personen

1 kg frische Miesmuscheln

100 ml Weißwein

Meersalz

325 g Pasta *mezzi paccheri*

1 EL frisch gehackte Petersilie

2 EL Semmelbrösel

8 Kirschtomaten, halbiert

2 EL natives Olivenöl extra, plus etwas mehr zum Beträufeln

1 ganze Knoblauchzehe

240 g Zucchini, in sehr dünne Streifen geschnitten

1 kleine Bio-Zitrone: Schale in feine Streifen geschnitten, Saft ausgepresst

Den Backofen auf 160 °C (Umluft)/180 °C (Ober-/Unterhitze) vorheizen.

Die Miesmuscheln in reichlich kaltem Wasser gründlich säubern und entbarten. Danach nochmals gut abspülen. Beschädigte oder offene Miesmuscheln entsorgen. Mit Weißwein in einem großen Topf mit gut schließendem Deckel bei mittlerer Hitze 2–3 Minuten garen, bis sich die Muscheln geöffnet haben. Geschlossene Muscheln entsorgen. Abseihen und die Kochflüssigkeit aufbewahren. Das Fleisch aus drei Vierteln der Miesmuscheln lösen und beiseitestellen, den Rest in der Schale belassen.

Wasser mit Salz in einem großen Topf zum Kochen bringen und die Pasta *al dente* garen.

Inzwischen die Miesmuscheln in der Schale auf ein Backblech legen. Mit Petersilie, Semmelbröseln und Kirschtomatenhälften belegen, mit Olivenöl beträufeln und 5 Minuten im Ofen goldbraun backen.

2 EL Olivenöl bei mittlerer Hitze in einer Pfanne heiß werden lassen und den Knoblauch darin 1 Minute anschwitzen. Die Zucchini zufügen und 2–3 Minuten garen, bis sie weich sind. Die Knoblauchzehe entfernen. Das ausgelöste Muschelfleisch und einige EL des beiseitegestellten Muschelsuds zugeben.

Die Pasta abseihen und mit Zitronensaft zur Sauce geben. Gut vermengen und bei mittlerer bis hoher Hitze 1 Minute sautieren. Nach Bedarf noch etwas Muschelsud zugießen.

Vom Herd nehmen und auf Servierteller verteilen. Mit den gebackenen Miesmuscheln und Zitronenschale garnieren und sofort servieren.

MEZZE MANICHE CON RAGU DI MOSCARDINI

Mezze Maniche mit Babycalamari-Ragù

Dieses Gericht wird gerne an der süditalienischen und sizilianischen Küste gegessen. Sie können für das schnelle Rezept frische oder TK-Babycalamari verwenden. *Mezze maniche* heißt so viel wie »kurze Ärmel«, da diese Pasta kurz und zylinderförmig ist. Sie passt bestens zu der kräftigen Sauce.

Für 4 Personen

3 EL natives Olivenöl extra

2 Knoblauchzehen, fein gehackt

1 rote Chilischote, fein gehackt

3 Sardellenfilets

700 g Babycalamari, abgespült und trocken getupft

500 g Datteltomaten, halbiert

1 Handvoll Petersilie, frisch gehackt

Meersalz

300 g Pasta *mezze maniche*

Das Olivenöl bei mittlerer Hitze in einer großen Pfanne heiß werden lassen und Knoblauch, Chili und Sardellenfilets darin 1 Minute anschwitzen, bis sich die Sardellen aufgelöst haben. Die Babycalamari zufügen und 1 Minute braten. Tomaten und die Hälfte der Petersilie zugeben, die Temperatur reduzieren, einen Deckel auflegen und 20 Minuten garen.

Inzwischen Wasser mit Salz in einem großen Topf zum Kochen bringen und die *mezze maniche* darin *al dente* garen.

Die Pasta abseihen, zur Sauce geben und 1 Minute bei mittlerer bis hoher Hitze sautieren, bis alles gut vermengt ist. Vom Herd nehmen, mit der restlichen Petersilie bestreuen und servieren.

SPAGHETTI ALLA CARRETTIERA

Lastwagenfahrer-Spaghetti

Dieses herzhafte sizilianische Gericht wurde ursprünglich von Lastwagenfahrern zubereitet. Ihre langen Fahrten waren oft anstrengend, weshalb sie Pasta und haltbare Zutaten wie Pilze und Thunfischkonserven mitnahmen, um sich unterwegs zu verköstigen. Auch heute noch wird dieses leichte und schnelle Gericht, das frische Produkte wie Champignons und Zutaten aus dem Vorrat kombiniert, gerne zubereitet, denn es schmeckt köstlich und macht satt.

Für 4 Personen

3 EL natives Olivenöl extra
2 Knoblauchzehen, fein gehackt
½ rote Chilischote, fein gehackt
250 g Champignons, in feine Scheiben geschnitten
25 g getrocknete Steinpilze (*porcini*), in etwas warmem Wasser eingeweicht, dann abgeseiht
400 g Datteltomaten, halbiert
Meersalz
150 g Thunfisch (aus der Dose), abgeseiht
325 g Pasta *spaghetti*
100 g Semmelbrösel
1 Handvoll Petersilienblätter, frisch gehackt

2 EL Olivenöl bei mittlerer Hitze in einer Pfanne heiß werden lassen und Knoblauch und Chili darin 1 Minute anschwitzen, ohne sie jedoch anbrennen zu lassen. Champignons und Steinpilze zufügen und 3 Minuten sautieren. Tomaten und 1 Prise Salz unterrühren und weitere 15 Minuten braten. Den Thunfisch zugeben und alles durcherhitzen.

Inzwischen Wasser mit Salz in einem großen Topf zum Kochen bringen und *spaghetti* darin *al dente* garen.

Das restliche Olivenöl in einer anderen Pfanne erhitzen. Semmelbrösel und Petersilie zugeben und 2 Minuten bei mittlerer Hitze braten, bis die Semmelbrösel das Öl aufgesogen haben und goldbraun und knusprig sind, ohne aber anzubrennen! Danach beiseitestellen.

Die *spaghetti* abseihen, zur Sauce geben und bei hoher Hitze 1 Minute gründlich vermengen. Vom Herd nehmen, mit der Semmelbröselmischung bestreuen und servieren.

LA GENOVESE DI TONNO CON ZITI

Ziti mit langsam geschmortem Thunfisch und Zwiebeln

La Genovese **ist eine traditionelle Sauce aus Neapel, für die Zwiebeln ganz langsam gegart werden, bis sie herrlich süß schmecken. Ursprünglich reichte man sie zu Kalbs-, Schweine- oder Rindfleisch, aber die relativ neue Variante mit Thunfisch ist besonders im Dörfchen Cetara an der Amalfiküste sowie in Sizilien beliebt, wo reichlich frischer Thunfisch gegessen wird. Sie können auch einen ganzen Thunfisch nehmen, aber ich finde, dass einige Steaks völlig reichen. Überraschenderweise zerfällt der Thunfisch beim Kochen nicht. Danach zerpflücken Sie die Steaks vorsichtig und teilen sie auf 4 Portionen auf. Dazu passen in Stücke gebrochene** ***ziti*** **(lange, dicke Pastaröhren), die Sie aber auch durch** ***pennette*** **ersetzen können.**

Für 4 Personen

5 EL natives Olivenöl extra

2 Sardellenfilets

1 Stange Staudensellerie, fein gehackt

1 Karotte, fein gehackt

1 kg Zwiebeln, in feine Ringe geschnitten

Meersalz und schwarzer Pfeffer aus der Mühle

250 g frischer Thunfisch (am Stück oder Steaks)

4 EL Weißwein

325 g Pasta *ziti*, in Stücke gebrochen

Das Olivenöl in einem großen Topf erhitzen und die Sardellenfilets darin bei mittlerer Hitze braten, bis sie zerfallen. Staudensellerie und Karotte zugeben und 1 Minute anschwitzen. Zwiebeln zufügen und mit Salz und Pfeffer würzen. Die Temperatur reduzieren, einen Deckel auflegen und 20 Minuten leise köcheln lassen.

Thunfisch und Weißwein untermengen, den Deckel wieder auflegen und bei niedriger Hitze 2 Stunden garen. Gelegentlich die Flüssigkeitsmenge überprüfen. Falls nötig, heißes Wasser oder Gemüsebrühe zugießen (allerdings sollten die Zwiebeln genügend Flüssigkeit abgeben).

Gegen Ende der Garzeit Wasser mit Salz in einem großen Topf zum Kochen bringen und die Pasta *al dente* garen.

Den Thunfisch vorsichtig herausheben, in Stücke zerpflücken und beiseitestellen. Die Pasta abseihen und gründlich mit der Zwiebelsauce vermengen. Vom Herd nehmen und mit dem Thunfisch servieren.

BIRBONI ATTERRATI

Vollkorntagliatelle mit Sardellen und Walnüssen

Birboni ist eine alte Pastasorte von der Amalfiküste, deren Ursprünge in der hausfraulichen Kochkunst liegen. Immer wenn frische Pasta gemacht wurde, sammelte man, um nichts zu verschwenden, das Mehl auf, das nicht in den Teig eingeknetet worden (oder gar auf den Boden gefallen!) war, und verwendete es für die nächste Pasta. Dies war so beliebt, dass die Fabriken begannen, diese Art von Vollkorn-_tagliatelle_ zu entwickeln, die sie als »birboni« verkauften, aber sicher mit frischem Mehl zubereiteten!
Birboni werden meist mit schlichten, regionalen Zutaten kombiniert, hier mit Sardellen und _Colatura di Alici_, einer konzentrierten Sardellensauce aus dem Küstendorf Cetara. Die Sauce ist im italienischen Feinkosthandel erhältlich, während es _birboni_ meist nur vor Ort zu kaufen gibt. Deshalb habe ich für dieses Rezept herkömmliche Vollkorn-_tagliatelle_ gewählt.

Für 4 Personen
Meersalz
300 g Vollkornpasta *tagliatelle*
6 EL natives Olivenöl extra
½ rote Chilischote, fein gehackt
4 ganze Knoblauchzehen
10 Sardellenfilets
60 g Walnusskerne, sehr fein gehackt
1 Handvoll Petersilienblätter, frisch gehackt
1 EL *Colatura di Alici* (Sardellensauce)

Wasser mit Salz in einem großen Topf zum Kochen bringen und die Pasta *al dente* garen.

Inzwischen das Olivenöl in einer großen Pfanne bei mittlerer Hitze heiß werden lassen und Chili und Knoblauch darin 1 Minute anschwitzen. Die Sardellenfilets zufügen und braten, bis die Sardellen zerfallen. Walnüsse, die Hälfte der Petersilie und einige EL des Pastakochwassers zugeben. Unter gelegentlichem Rühren braten, bis die Pasta im anderen Topf gar ist. Die Knoblauchzehen herausnehmen und entsorgen.

Die *tagliatelle* abseihen, mit der *Colatura di Alici* zur Sauce geben und alles gründlich vemengen. Vom Herd nehmen, mit der restlichen Petersilie bestreuen und servieren.

FARFALLE CON CARCIOFI E PANCETTA CROCCANTE

Farfalle mit Artischocken und knusprigem Pancetta

Für dieses schnelle Rezept werden zarte Artischockenherzen verwendet, die im Nu gekocht sind. Artischocken sind in Italien sehr beliebt und werden auf jedem Markt verkauft: Sie sind bereits geschält und werden in Kübeln mit gesäuertem Wasser gelagert, damit sie sich nicht schwarz verfärben. Es ist jedoch nicht schwer, Artischocken selbst vorzubereiten – nach der ersten Artischocke ist es das reinste Kinderspiel! Nehmen Sie für dieses Rezept die kleine, purpurfarbene Sorte, die ab Februar das ganze Frühjahr über Saison hat.

Für 4 Personen

Meersalz

320 g Pasta *farfalle*

8 kleine Artischocken

Saft von 2 kleinen Zitronen

6 EL natives Olivenöl extra, plus etwas mehr zum Beträufeln

8 Scheiben Pancetta, in feine Streifen geschnitten

2 Bananenschalotten, fein gehackt

6 EL Weißwein

schwarzer Pfeffer aus der Mühle

1 Handvoll Petersilie, frisch gehackt

geriebener Pecorino zum Servieren

Wasser mit Salz in einem großen Topf zum Kochen bringen und die Pasta *al dente* garen.

Inzwischen die Artischocken putzen. Dazu alle Blätter bis zum Herzen entfernen. Das Herz halbieren und mit einem Teelöffel das Stroh entfernen. Die Herzen fein aufschneiden und bis zur Verwendung in eine Schüssel mit säuerlichem Zitronenwasser legen.

Das Olivenöl in einer Pfanne erhitzen und den Pancetta darin bei mittlerer bis hoher Hitze 2–3 Minuten knusprig braten. Die Schalotten zufügen und 1 Minute anschwitzen. Die Artischockenherzen abseihen, in die Pfanne geben und unter Rühren 2 Minuten braten, bis sie zart, aber nicht zu weich sind. Den Weißwein zugießen, einkochen lassen und alles mit Salz und Pfeffer würzen.

Die Pasta abseihen und mit ein wenig Kochwasser gut mit der Sauce vermengen. Die Petersilie unterrühren. Vom Herd nehmen, mit etwas Olivenöl beträufeln und zusammen mit dem Pecorino servieren.

RIGATONI ALLA ZOZZANA

Rigatoni mit Pancetta und Wurst

Dieses kräftige römische Gericht verdankt seinen Namen dem Wort *zozza*, was im römischen Dialekt meist so viel wie »schmutzig« bedeutet, hier aber »üppig« heißt, da das Rezept allerhand Zutaten umfasst. Es ist eine köstliche Mischung aus den beiden römischen Pastagerichten *cacio e pepe* und *carbonara* und diente der Resteverwertung.

Für 4 Personen

Meersalz

300 g Pasta *rigatoni*

2 EL natives Olivenöl extra

1 Zwiebel, fein gehackt

100 g Pancetta, fein gehackt

100 g italienische Schweinswurst, gehäutet und zerbröckelt

1 Eigelb

30 g Pecorino, gerieben, plus mehr zum Servieren

2 EL Kochsahne

schwarzer Pfeffer aus der Mühle

Wasser mit Salz in einem großen Topf zum Kochen bringen und die Pasta *al dente* garen.

Das Olivenöl bei mittlerer Hitze in einer Pfanne heiß werden lassen und die Zwiebel darin 1 Minute anschwitzen. Pancetta und Wurstbrät zufügen und 10 Minuten bräunen.

Inzwischen Eigelb, Pecorino und Sahne mit Salz und Pfeffer in einer kleinen Schüssel verquirlen.

Die Pasta abseihen, gut mit Pancetta und Wurstbrät vermengen und 1 Minute bei hoher Hitze braten. Vom Herd nehmen, die Eimischung darübergießen und unterrühren. Mit schwarzem Pfeffer und Pecorino bestreut sofort servieren.

BUCATINI ALL'AMATRICIANA

Bucatini mit Tomaten und Guanciale

Dieses klassisch römische Rezept galt als Schäfergericht, das ursprünglich ohne Tomaten zubereitet wurde. Als die Tomaten in Italien eingeführt wurden, entstand dieses Rezept im Städtchen Amatrice, das dem Gericht seinen Namen verlieh. *Amatriciana* wird oft mit Zwiebeln, Knoblauch oder Pancetta zubereitet. Dies ist jedoch die traditionelle Version. *Guanciale*, geräucherte Schweinebäckchen, sind in italienischen Feinkostläden erhältlich.

Für 4 Personen

2 EL natives Olivenöl extra

1 ganze rote Chilischote

175 g *guanciale* (geräucherte Schweinebäckchen), Rinde entfernt und in kleine, dicke Streifen geschnitten

4 EL Weißwein

400 g stückige Eiertomaten (aus der Dose)

Meersalz

325 g Pasta *bucatini*

reichlich geriebener Pecorino zum Servieren

Das Olivenöl bei mittlerer Hitze in einer großen Pfanne heiß werden lassen und die Chilischote darin 1 Minute anschwitzen. *Guanciale* zufügen und 7 Minuten braten, dabei nicht anbrennen lassen. Den Weißwein zugießen und einkochen. Die *guanciale*-Streifen herausnehmen und beiseitestellen. Tomaten und ein wenig Salz zufügen, einen Deckel auflegen und weitere 10 Minuten garen.

Inzwischen Wasser mit Salz in einem großen Topf zum Kochen bringen und die *bucatini* darin *al dente* garen.

Guanciale zu den Tomaten in die Pfanne geben. Die Pasta abseihen, ebenfalls zufügen und bei hoher Hitze 1 Minute sautieren. Vom Herd nehmen, die Chilischote entfernen und entsorgen und die Pasta mit Pecorino servieren.

PACCHERI CON RAGU DI CARNE

Paccheri mit Fleisch-Ragù

Traditionell bestand das neapolitanische *ragù* aus verschiedenen Fleischsorten und -stücken, darunter auch Schweinerippchen und Würste, die bis zu 6 Stunden oder sogar über Nacht leise köchelten. Ich wollte ein einfaches Rezept kreieren, weshalb ich hier nur Rinderbrust verwende. Doch das Prinzip ist dasselbe: Das Fleisch wird langsam in der Tomatensauce gegart und die Sauce serviert man mit Pasta als ersten Gang, gefolgt vom Fleisch mit grünem Salat als zweiten Gang. In Süditalien kann man sich ein sonntägliches Mittagessen ohne Fleisch-ragù kaum vorstellen.

Für 4 Personen

3 EL natives Olivenöl extra

1 Zwiebel, fein gehackt

2 Lorbeerblätter

750 g Rinderbrust, in große Stücke geschnitten

75 ml Rotwein

1 EL Tomatenmark, in etwas warmem Wasser aufgelöst

800 g stückige Eiertomaten (aus der Dose)

1 Handvoll Basilikumblätter

20 g Parmesan, gerieben, plus etwas mehr zum Servieren

Meersalz und schwarzer Pfeffer aus der Mühle

350 g Pasta *paccheri*

Das Olivenöl in einem großen Topf bei mittlerer Hitze heiß werden lassen und Zwiebel und Lorbeerblätter darin 3 Minuten anschwitzen, bis die Zwiebel weich ist. Das Rindfleisch zufügen und rundum anbraten. Die Temperatur erhöhen, den Wein zugießen und einkochen lassen. Tomatenmark, Tomaten, Basilikumblätter, Parmesan, Salz und Pfeffer zugeben und zum Kochen bringen. Die Temperatur reduzieren, einen Deckel auflegen und 2 Stunden köcheln lassen. Gelegentlich mit einem Holzkochlöffel umrühren. Falls die Mischung zu trocken wirkt, etwas heißes Wasser zugießen.

Anschließend prüfen, ob das Fleisch gar und zart ist. Ansonsten noch länger schmoren. Dann das Fleisch herausnehmen, warm halten und beiseitestellen.

Wasser mit Salz in einem großen Topf zum Kochen bringen und die *paccheri* darin *al dente* garen.

Die *paccheri* abseihen und gut mit der Tomatensauce vermengen. Mit Parmesan bestreuen und sofort mit dem Fleisch servieren. Alternativ das Fleisch mit einem grünen Salat als Beilage zum Hauptgang servieren.

GARGANELLI CON RAGU BIANCO DI VITELLO

Garganelli mit Kalbsragù

Eine simple Alternative, wenn die Zeit für eine langsam gekochte Bolognese nicht reicht. Wer gerne eine leichtere Sauce ohne Tomaten mag, wird ebenfalls begeistert sein. Ich liebe den zarten Geschmack von Kalbsfleisch, das in italienischen Küchen weit verbreitet ist. Sie können aber auch Bio-Schweinehackfleisch verwenden. *Garganelli* zählen zu den Eiernudeln und werden zu kleinen, gerippten Zylindern gerollt. Sie passen perfekt zu dieser delikaten Sauce. Oder Sie nehmen stattdessen *penne* oder *linguine*.

Für 4 Personen

Meersalz
350 g Pasta *garganelli*
3 EL natives Olivenöl extra
2 Knoblauchzehen, sehr fein gehackt
2 Lorbeerblätter
1 kleine Karotte, sehr fein gehackt
½ Stange Staudensellerie, sehr fein gehackt
350 g Kalbshackfleisch
schwarzer Pfeffer aus der Mühle
100 ml Weißwein
½ Handvoll frisch gehackte Petersilie zum Servieren
geriebener Pecorino zum Servieren

Wasser mit Salz in einem großen Topf zum Kochen bringen und die *garganelli* darin *al dente* garen.

Inzwischen das Olivenöl bei mittlerer Hitze in einer großen Pfanne heiß werden lassen und Knoblauch, Lorbeerblätter, Karotte und Staudensellerie darin 2 Minuten sautieren. Das Kalbshackfleisch mit etwas Salz und Pfeffer zugeben und unter Rühren rundum bräunen. Weitere 10 Minuten garen, dann die Temperatur erhöhen, Weißwein zugießen und einkochen lassen.

Die Pasta abseihen und mit ein wenig Kochwasser bei mittlerer bis hoher Hitze unter die Sauce mengen. Vom Herd nehmen, mit Petersilie und Pecorino garnieren und sofort servieren.

FUSILLI CON CAVOLO NERO E SALSICCIA

Fusilli mit Wurst und Cavolo Nero

Ein sättigendes Gericht, das traditionell in den Wintermonaten gegessen wird, wenn der *cavolo nero* Saison hat. Für das richtige Aroma sollten Sie italienische Schweinswürste von guter Qualität verwenden, wie z. B. *luganica* (im italienischen Feinkostladen erhältlich). Das Gericht ist schnell zubereitet und vereint typisch winterliche Zutaten.

Für 4 Personen

Meersalz

400 g *cavolo nero* (Palmkohl), grob gehackt

6 EL natives Olivenöl extra, plus etwas mehr zum Beträufeln

2 ganze Knoblauchzehen, zerdrückt

1 rote Chilischote, fein gehackt (nach Belieben)

4 italienische Schweinswürste, gehäutet und grob gehackt

320 g Pasta *fusilli bucati*

geriebener Parmesan zum Servieren

Leicht gesalzenes Wasser in einem großen Topf zum Kochen bringen und den *cavolo nero* darin 10 Minuten garen, bis er weich ist. Abseihen und dabei das Kochwasser auffangen. Beides beiseitestellen.

Inzwischen das Olivenöl bei mittlerer Hitze in einer Pfanne heiß werden lassen und Knoblauch und Chili darin 1 Minute anschwitzen. Das Wurstbrät zugeben und unter Rühren 5 Minuten braten. Den *cavolo nero* zufügen und bei niedriger bis mittlerer Hitze garen.

Inzwischen das Kochwasser des *cavolo nero* erneut zum Kochen bringen. Falls nötig, mehr Wasser zugießen, und die Pasta *al dente* garen.

Die Pasta abseihen und mit etwas Kochwasser gründlich mit *cavolo nero* und Wurstbrät vermengen.

Mit etwas Olivenöl beträufeln, mit Parmesan bestreuen und servieren.

GIGLI CON PISELLI, PANCETTA E POMODORO FRESCO

Gigli mit Erbsen, Pancetta und frischen Tomaten

***Gigli* ist eine hübsche, lilienförmige Pastasorte, die aus Florenz, der Stadt mit dem Liliensymbol, stammen soll. Pancetta und Erbsen passen perfekt zusammen – mit frischen, leuchtend roten Tomaten und gerösteten Pinienkernen ergeben sie ein ideales Familienessen für unter der Woche. Falls *gigli* nicht erhältlich sind, können Sie auch *farfalle* nehmen.**

Für 4 Personen
Meersalz
4 Strauchtomaten
350 g Pasta *gigli*
200 g frische Erbsen (Nettogewicht)
60 g Pinienkerne
2 EL natives Olivenöl extra
100 g Pancetta, gewürfelt
1 Handvoll Basilikumblätter
85 g Parmesan, gehobelt
schwarzer Pfeffer aus der Mühle

Wasser mit Salz in einem großen Topf zum Kochen bringen. Jede Tomate oben mit einem scharfen Messer kreuzweise einschneiden. Mit einem Schaumlöffel in das kochende Wasser tauchen und nach 20 Sekunden wieder herausheben. Sobald sie kühl genug zum Anfassen sind, die Tomaten häuten, vierteln, die Kerne entfernen und das Fruchtfleisch in kleine Spalten schneiden. Dann beiseitestellen.

Inzwischen *gigli* und Erbsen in das kochende Wasser geben und die Pasta *al dente* garen.

Eine große Pfanne ohne Öl bei mittlerer Hitze heiß werden lassen und die Pinienkerne darin 2 Minuten rösten. Herausnehmen und beiseitestellen. Das Olivenöl in derselben Pfanne erhitzen und den Pancetta darin knusprig braten.

Pasta und Erbsen abseihen und zum Pancetta geben. Pinienkerne, Tomaten, Basilikumblätter und die Hälfte des Parmesans unterrühren. Mit Salz und Pfeffer würzen und alles gut vermengen.

Vom Herd nehmen, mit dem restlichen Parmesan bestreuen und sofort servieren.

ORECCHIETTE CON SALSICCIA E POMODORINI GIALLI

Orecchiette mit Wurst und gelben Datteltomaten

Pasta *orecchiette* aus Apulien ist gut erhältlich – für dieses schnelle Gericht ist sie ideal. Nehmen Sie unbedingt italienische Schweinswürste von guter Qualität. Statt gelben Tomaten können Sie natürlich auch rote verwenden.

Für 4 Personen

Meersalz

400 g Pasta *orecchiette*

3 EL natives Olivenöl extra

1 ganze Knoblauchzehe

½ rote Chilischote, fein gehackt

2 Rosmarinzweige

250 g italienische Schweinswürste, gehäutet und zerbröckelt

1 Schuss Weißwein

400 g gelbe Datteltomaten, halbiert

geriebener Pecorino oder Parmesan zum Servieren

Wasser mit Salz in einem großen Topf zum Kochen bringen und die *orecchiette* darin *al dente* garen.

Das Olivenöl bei mittlerer Hitze in einer großen Pfanne heiß werden lassen und Knoblauch, Chili und Rosmarinzweige darin 1 Minute anschwitzen, bis der Knoblauch leicht anbräunt. Den Knoblauch herausnehmen und entsorgen. Die zerbröckelte Wurst zugeben und 5 Minuten braten, bis das Wurstbrät rundum goldbraun ist. Etwas Wein zugießen und verdampfen lassen, die Tomaten untermengen. Mit etwas Salz würzen und 2 Minuten braten.

Die Pasta abseihen, in die Pfanne geben und alles gut vermischen. Vom Herd nehmen, mit Pecorino oder Parmesan bestreuen und sofort servieren.

PENNE CON PEPERONI ALLA TRAPANESE

Penne mit Paprika à la Trapani

Paprikafans werden dieses Gericht lieben: Die gelben und roten Paprikaschoten werden, wie in der Region Trapani auf Sizilien üblich, auf unterschiedliche Weise zubereitet – die gelbe Paprika wird geröstet, die rote Paprika dagegen gebraten.

Für 4 Personen

3 gelbe Paprikaschoten
4 längliche Tomaten (z. B. San Marzano)
4 EL natives Olivenöl extra
4 Knoblauchzehen, fein gehackt
1 rote Chilischote, fein gehackt
1 rote Paprikaschote, in feine Streifen geschnitten
Meersalz
350 g Pasta *penne*
1 Handvoll Petersilienblätter, frisch gehackt
40 g Pecorino, gehobelt

Den Backofen auf 180 °C (Umluft)/200 °C (Ober-/Unterhitze) vorheizen.

Die gelben Paprika ohne Öl in eine Bratreine geben und etwa 35 Minuten im Ofen rösten, bis die Haut goldbraun und die Paprika weich ist.

Inzwischen etwas Wasser in einem Topf zum Kochen bringen und die Tomaten darin 2 Minuten blanchieren. Dann abseihen und die Haut abziehen. Die Kerne entfernen, das Fruchtfleisch fein würfeln und beiseitestellen.

Von den gelben Paprika vorsichtig die Haut abziehen und die Samen entfernen. Das Fruchtfleisch grob hacken und beiseitestellen.

Das Olivenöl bei mittlerer Hitze in einer großen Pfanne heiß werden lassen und Knoblauch und Chili darin 1 Minute anschwitzen. Die roten Paprikastreifen zufügen und 10 Minuten mitgaren, bis sie weich sind. Gelbe Paprika, Tomaten und etwas Salz zugeben und bei hoher Hitze 1 Minute braten. Auf mittlere Temperatur reduzieren, einen Deckel auflegen und 10 Minuten schmoren.

Inzwischen Wasser mit Salz in einem großen Topf zum Kochen bringen und die Pasta *al dente* garen.

Die Pasta abseihen und mit ein wenig Kochwasser gründlich unter die Paprikamischung heben. Dabei weiterbraten. Die Petersilie unterrühren, die Pfanne vom Herd nehmen, die Pasta mit Pecorino bestreuen und servieren.

PENNE CON CAVOLFIORE ALLA PALERMITANA

Sizilianische Penne mit Blumenkohl

In der sizilianischen Küche dreht sich alles um schlichte Gerichte im Sinne der »*cucina povera*«, die mit exotischen Zutaten nordafrikanischer Herkunft verfeinert werden. Der in vielen Gerichten verwendete Blumenkohl ist auf der Insel sehr beliebt und wächst dort auch reichlich. Hier wird er mit Rosinen, Pinienkernen, Safran, Kapern und Oliven zu einem köstlichen Gericht vereint.

Für 4 Personen

500 g Blumenkohlröschen
6 EL natives Olivenöl extra
4 Sardellenfilets
1 Zwiebel, in feine Ringe geschnitten
½ rote Chilischote, fein gehackt
15 g Rosinen, in etwas warmem Wasser eingeweicht
25 g Pinienkerne
½ EL Kapern
7 entsteinte Oliven, grob gehackt
Meersalz
1 Pck. Safranpulver (ca. 0,08 g)
400 g Pasta *penne*
15 g Parmesan, gerieben, plus etwas mehr zum Servieren

Die Blumenkohlröschen 5 Minuten in reichlich kochendem Wasser garen, bis sie zart, aber nicht zu weich sind. Abseihen und das Kochwasser aufbewahren.

Inzwischen das Olivenöl bei mittlerer Hitze in einer großen, tiefen Pfanne heiß werden lassen und die Sardellen darin braten, bis sie zerfallen. Zwiebel und Chili zufügen und 1 Minute anschwitzen. Rosinen abseihen, mit Pinienkernen, Kapern und Oliven zugeben und 1 weitere Minute braten. Blumenkohlröschen zufügen, mit Salz würzen und alles gut vermengen. Das Safranpulver in ein wenig Blumenkohlsud auflösen und mit einem weiteren Schöpflöffel Blumenkohlsud in die Pfanne geben. Einen Deckel auflegen und alles bei niedriger bis mittlerer Hitze schmoren.

Das restliche Blumenkohlkochwasser mit etwas Salz erneut zum Kochen bringen. Falls nötig, mehr Wasser zugießen. Die Pasta darin *al dente* garen.

Die Pasta abseihen und mit ein wenig Kochwasser zur Blumenkohlsauce geben. Die Temperatur erhöhen und 2 Minuten kochen, bis die Pasta die Flüssigkeit aufgenommen hat. Vom Herd nehmen und den Parmesan unterrühren. Mit extra Parmesan bestreut sofort servieren.

MEZZE MANICHE CON BROCCOLI, SPECK E MANDORLE

Mezze Maniche mit Brokkoli, Südtiroler Speck und Mandeln

Pasta mit Brokkoli wird in Italien häufig gegessen. Meist verwendet man die Sorte *cime di rape* (Stängelkohl). Da sie in Deutschland nicht gängig ist, können Sie auch normalen Brokkoli nehmen. Damit das Gericht aromatischer schmeckt, verfeinere ich es mit Südtiroler Speck, den man als Vegetarier aber weglassen kann. Durch die gerösteten Mandeln wird die Sauce schön knackig. *Mezze maniche* bedeutet »kurze Ärmel«, was auf die Röhrenform der Pasta verweist. Falls diese Sorte nicht erhältlich ist, können Sie auch *conchiglie* oder *penne* kaufen.

Für 4 Personen

Meersalz

400 g Brokkoliröschen

4 EL natives Olivenöl extra

150 g Südtiroler Speck (luftgetrockneter Schinken), fein gehackt

1 Knoblauchzehe, fein gehackt

1 rote Chilischote, fein gehackt

325 g Pasta *mezze maniche*

40 g ganze Mandeln, geröstet und grob gehackt

geriebener Parmesan zum Servieren

Wasser mit Salz in einem großen Topf zum Kochen bringen und den Brokkoli darin 10 Minuten garen, bis er weich ist.

Inzwischen das Olivenöl bei mittlerer Hitze in einer großen Pfanne heiß werden lassen und den Speck darin 2 Minuten anbraten. Knoblauch und Chili zugeben und 1 weitere Minute sautieren.

Die Brokkoliröschen mit einem Schaumlöffel aus dem Kochwasser heben und in die Pfanne geben. Die Temperatur erhöhen, etwa 3 Minuten braten und leicht mit Salz würzen.

Den Brokkolisud erneut zum Kochen bringen und die *mezze maniche* darin *al dente* garen.

Die Pasta abseihen und mit ein wenig Kochwasser in die Pfanne unter die Brokkolisauce mischen. Bei mittlerer bis starker Hitze garen, bis sich alles gut verbunden hat.

Vom Herd nehmen, mit gerösteten Mandeln und Parmesan bestreuen und sofort servieren.

GNOCCHETTI SARDI CON SALAME E PESTO DI PISTACCHIO E LIMONE

Gnocchetti Sardi mit Salami und Pistazien-Zitronen-Pesto

Ich liebe Pistazien – zusammen mit Amalfi-Zitronenschale und Petersilie ergeben sie eine köstlich erfrischende Pestosauce. Bei diesem Rezept habe ich Pesto mit Salami kombiniert, damit das Gericht noch etwas kräftiger wird. Damit es besonders aromatisch schmeckt, sollten Sie Salami am Stück kaufen, die Sie würfeln können (oder Sie bitten den Verkäufer im Feinkostladen darum). Vegetarier lassen die Salami einfach weg.

Für 4 Personen

Meersalz

325 g Pasta *gnocchetti sardi*

100 g Mailänder Salami, klein gewürfelt

Für das Pesto:

50 g Pistazien, geschält

Abrieb von 1 Bio-Amalfi-Zitrone (oder einer anderen Bio-Zitrone)

50 g Parmesan, gerieben

½ Handvoll Petersilie

3 EL natives Olivenöl extra

Wasser mit Salz in einem großen Topf zum Kochen bringen und die *gnocchetti sardi* darin *al dente* garen.

Inzwischen alle Zutaten für das Pesto im Mixer zu einer glatten Paste mit einigen festen Stückchen verarbeiten. Dabei etwas Pastakochwasser (ca. 3–4 EL) zugießen, damit sie geschmeidiger wird.

Die Pasta abseihen, mit Pesto und Salamiwürfeln vermengen und sofort servieren.

MAFALDINE CON RICOTTA

Mafaldine mit Ricotta

Pasta mit Ricotta war in meiner Kindheit eines meiner Lieblingsgerichte. Ricotta ist kalorienarm und gesund! Kaufen Sie den besten Ricotta im Feinkostgeschäft. Pasta *mafaldine* hat eine *tagliatelle*-artige Form mit geriffeltem Rand, die perfekt zur sahnigen Ricottasauce passt. Falls Sie keine *mafaldine* bekommen, können Sie auch *farfalle* oder *linguine* nehmen.

Für 4 Personen
Meersalz
325 g Pasta *mafaldine*
4 EL natives Olivenöl extra
1–2 EL Butter
5 Salbeiblätter
3 Zwiebeln, sehr fein gehackt
350 g Ricotta
schwarzer Pfeffer aus der Mühle
40 g Pecorino oder Parmesan, gerieben

Wasser mit Salz in einem großen Topf zum Kochen bringen und die *mafaldine* darin *al dente* garen.

Inzwischen Olivenöl und Butter in einer großen Pfanne bei mittlerer Hitze zerlassen und Salbeiblätter sowie Zwiebeln darin unter gelegentlichem Rühren 7 Minuten braten. Den Ricotta mit 4 EL Pastakochwasser anrühren und untermischen, bis die Sauce eine cremige Konsistenz hat. Mit Salz und Pfeffer würzen.

Die Pasta abseihen und mit der Hälfte des Pecorinos oder Parmesans unter die Sauce mengen. 1 Minute erhitzen und dabei, falls nötig, noch etwas mehr Pastakochwasser zugeben.

Vom Herd nehmen, mit dem restlichen Käse sowie etwas schwarzem Pfeffer bestreuen und sofort servieren.

PENNETTE CON LENTICCHIE E FUNGHI

Pennette mit Linsen und Champignons

Pasta mit Linsen ist in ganz Italien ein beliebtes Gericht, das auf vielerlei Art zubereitet wird. Es ist schnell gekocht, einfach in der Zubereitung und ergibt eine sättigende Mahlzeit. Dieses Rezept habe ich durch braune Champignons verfeinert, doch Sie können auch andere Pilze verwenden – im Herbst sogar köstliche Steinpilze! Die besten italienischen Linsen stammen aus Castelluccio und sind im guten italienischen Feinkostladen erhältlich. Oder Sie kaufen kleine braune oder grüne Linsen, die es fast überall gibt und die auch normalerweise nicht eingeweicht werden müssen. Aber lesen Sie sich vor der Zubereitung sicherheitshalber die Packungsanweisung durch.

Für 4 Personen

200 g Castelluccio-Linsen (oder grüne bzw. braune Linsen)

Meersalz

300 g Pasta *pennette*

4 EL natives Olivenöl extra

2 ganze Knoblauchzehen, geschält

160 g kleine braune Champignons, in feine Scheiben geschnitten

200 g Passata (pürierte Tomaten)

20 g Parmesan, gerieben

etwas frisch gehackte Petersilie zum Servieren

Die Linsen nach Packungsanweisung in kochendem Wasser weich garen.

Inzwischen gesalzenes Wasser in einem anderen Topf zum Kochen bringen und die Pasta *al dente* garen.

Das Olivenöl bei mittlerer Hitze in einer Pfanne heiß werden lassen und die Knoblauchzehen darin 1 Minute anschwitzen. Die Pilze zufügen und unter Rühren 5 Minuten braten. Dann die Passata zugießen und 10 Minuten garen. Die Linsen abseihen und unter die Tomatensauce mischen.

Die Pasta abseihen und mit der Sauce vermengen. Den Parmesan unterrühren und die Pfanne vom Herd nehmen. Die Pasta mit etwas Petersilie bestreuen und servieren.

FUSILLI INTEGRALI CON SALSA ALLA CRUDAIOLA

Vollkornfusilli mit frischen Tomaten

Das ideale Gericht für heiße Sommertage, an denen die Tomaten den perfekten Reifegrad haben und Sie keine Lust haben, aufwendig zu kochen. Die Sauce kann man im Voraus zubereiten, sodass Sie nur die Pasta frisch kochen müssen. Die Vollkorn-*fusilli* passen wirklich gut, aber Sie können auch normale *fusilli* verwenden. Ich streue gerne noch Ricotta salata obenauf. Die Zwiebeln können Sie weglassen und stattdessen mehr Tomaten nehmen.

Für 4 Personen

300 g Datteltomaten, halbiert und entkernt

2 rote *cipolotti* (große Frühlingszwiebeln) oder 1 kleine rote Zwiebel, in feine Ringe geschnitten

1 Handvoll Basilikumblätter

1 TL getrockneter Oregano

1 rote Chilischote, in feine Ringe geschnitten

4 EL natives Olivenöl extra

Meersalz

325 g Vollkornpasta *fusilli*

geriebener oder zerbröckelter Ricotta salata zum Servieren (nach Belieben)

Tomaten, Zwiebeln, Basilikum, Oregano, Chili, Olivenöl und etwas Salz in einer großen Schüssel vermengen. Mit Frischhaltefolie abdecken und 1 Stunde marinieren.

Wasser mit Salz in einem großen Topf zum Kochen bringen und die *fusilli* darin *al dente* garen.

Die Pasta abseihen und mit der Tomatenmischung vermengen. Nach Belieben mit etwas Ricotta salata bestreuen und servieren.

LINGUINE AL LIMONE

Linguine mit Zitrone

Dieses schnelle, simple Sommergericht ist an der Amalfiküste, wo es herrliche Zitronen gibt, besonders beliebt! Verwenden Sie deshalb nur die allerbesten Zitronen für dieses Rezept.

Für 4 Personen

Meersalz

350 g Pasta *linguine*

40 g Butter

1 EL natives Olivenöl extra

1 ganze Knoblauchzehe

Abrieb und Saft von 1 großen Bio-Zitrone (am besten Amalfi-Zitrone)

2 EL frisch gehackte Petersilie

Wasser mit Salz in einem großen Topf zum Kochen bringen und die *linguine* darin *al dente* garen.

Butter und Olivenöl in einer Pfanne bei mittlerer Hitze zerlassen und die Knoblauchzehe darin 1 Minute sautieren, bis sie anbräunt, dann herausnehmen und entsorgen. Zitronenabrieb und -saft in die Pfanne geben.

Die *linguine* abseihen, mit der Petersilie in die Pfanne geben und gut vermengen. Vom Herd nehmen und sofort servieren.

SPIRALI CON PESTO DI AGRUMI

Spirali mit Zitrusfruchtpesto

Dieses an Sizilien erinnernde Pesto ist schnell zubereitet und schmeckt schön erfrischend. Es kann auch kalt verzehrt werden, sodass Sie Reste für den nächsten Tag in Ihre Lunchbox packen können. Auch als Topping auf Crostini macht es sich hervorragend. Im Kühlschrank hält es sich einige Tage. Oder Sie frieren einen Teil gleich ein.

Für 4 Personen
2 Orangen, geschält
2 EL Kapern
1 TL getrockneter Oregano
1 ganze Knoblauchzehe
Meersalz
325 g Pasta *spirali*
1 große Handvoll Basilikumblätter
50 g Mandeln, blanchiert
50 g Pistazien, geschält
2 EL natives Olivenöl extra
Abrieb von 1 Bio-Orange zum Servieren
Abrieb von 1 Bio-Zitrone zum Servieren

Orangenspalten mit einem scharfen Messer herauslösen, dazu zwischen den Häutchen einschneiden. Weiße Innenschicht (Albedo) entfernen, aber austretenden Saft auffangen. Spalten und Saft in einer großen Schüssel mit Kapern, Oregano, Knoblauch und 1 Prise Salz vermengen und 10 Minuten durchziehen lassen.

Inzwischen Wasser mit Salz in einem großen Topf zum Kochen bringen und die *spirali* darin *al dente* garen.

Basilikumblätter, Mandeln, Pistazien, Olivenöl und Orangenmischung im Mixer zu einer glatten, cremigen Paste verarbeiten.

Die *spirali* abseihen und mit dem Zitrusfruchtpesto vermengen.
Mit Orangen- und Zitronenabrieb bestreuen und sofort servieren.

CASARECCE ALLA NERANO

Casarecce mit Zucchini und Provolone

Das ist meine Version des Klassikers aus Kampanien. Das ursprüngliche Rezept stammt aus der Küstenstadt Nerano und wird meist mit *spaghetti* und *provolone del Monaco* hergestellt. Der gereifte Käse kommt aus den Monti Lattari, der Gebirgsregion an der Amalfiküste. Falls Sie diesen Käse im Feinkostladen entdecken oder vielleicht einen von einer Reise in diese Region mitgebracht haben, sollten Sie ihn hier verwenden. Aber auch ein *provolone piccante* passt bestens dazu.

Für 4 Personen

Pflanzen- oder Sonnenblumenöl zum Frittieren

3 Zucchini (ca. 650 g), in feine Scheiben geschnitten

Meersalz

1 Handvoll Basilikumblätter, grob zerpflückt

325 g Pasta *casarecce*

4 EL natives Olivenöl extra

1 ganze Knoblauchzehe

40 g Parmesan, gerieben

150 g *provolone piccante* (pikanter Hartkäse): 120 g gerieben, 30 g gehobelt

schwarzer Pfeffer aus der Mühle

Reichlich Öl in einem tiefen, schweren Topf erhitzen. Die Zucchinischeiben darin portionsweise einige Minuten goldgelb frittieren, dann mit einem Schaumlöffel herausheben und nebeneinander auf Küchenpapier abtropfen lassen. Mit Salz und einigen zerpflückten Basilikumblättern bestreuen.

Inzwischen Wasser mit Salz in einem großen Topf zum Kochen bringen und die *casarecce* darin *al dente* garen.

Das Olivenöl bei mittlerer Hitze in einer großen Pfanne erhitzen und die Knoblauchzehe darin 2 Minuten anbraten. Den Knoblauch herausnehmen und die Zucchinischeiben 1 Minute im Knoblauchöl sautieren. Die *casarecce* abseihen, dabei etwas Kochwasser aufbewahren. *Casarecce*, Parmesan, geriebenen *provolone piccante* und restliche Basilikumblätter zu den Zucchini geben und mit etwas Kochwasser zu einer cremigen Sauce verrühren. Mit schwarzem Pfeffer würzen und vom Herd nehmen.

Mit den Spänen des *provolone piccante* bestreuen und sofort servieren.

SPAGHETTI CON CIPOLLE ARROSTITE

Spaghetti mit gebackenen Zwiebeln

Gebackene Zwiebeln haben ein wunderbares Aroma und passen perfekt zu knusprigem Pancetta und frisch gekochten *spaghetti*. Falls Sie die Zwiebeln auf dem Holzofengrill oder im Holzofen zubereiten, schmecken sie noch besser!

Für 4 Personen

3 rote Zwiebeln

Meersalz

325 g Pasta *spaghetti*

4 EL natives Olivenöl extra, plus etwas mehr zum Beträufeln

200 g Pancetta, gewürfelt

75 ml Weißwein

1 TL Fenchelsamen

schwarzer Pfeffer aus der Mühle

Den Backofen auf 200 °C (Umluft)/220 °C (Ober-/Unterhitze) vorheizen.

Die Zwiebeln einzeln in Alufolie einwickeln, auf ein Backblech legen und im Ofen etwa 50 Minuten backen, bis sie gar sind. Herausnehmen und, sobald sie kühl genug zum Anfassen sind, jeweils in 6 Spalten schneiden. Beiseitestellen.

Wasser mit Salz in einem großen Topf zum Kochen bringen und die Pasta *al dente* garen.

Inzwischen das Olivenöl in einer Pfanne bei mittlerer bis hoher Hitze heiß werden lassen und den Pancetta darin 7 Minuten knusprig braten. Die Temperatur erhöhen, den Weißwein zugießen und zur Hälfte einkochen lassen. Dann Zwiebelspalten und Fenchelsamen unterrühren.

Die *spaghetti* abseihen und unter die Sauce mischen. Vom Herd nehmen, mit etwas schwarzem Pfeffer bestreuen, mit Olivenöl beträufeln und sofort servieren.

Lange bevor getrocknete Pasta auf der ganzen Welt verkauft wurde, servierten die *nonnas* und *mammas* dieses italienische Grundnahrungsmittel als frische Variante. Noch heute werden bestimmte Formen in den Städtchen und Dörfern von Hand zubereitet. Im süditalienischen Bari können Sie alten Damen dabei zusehen, wie sie in ihrer Küche *orecchiette* und *cavatelli* herstellen und an vorbeikommende Kunden verkaufen. Sie haben da ein wirklich gut laufendes kleines Geschäft, und es ist spannend anzusehen, wie Pasta ursprünglich hergestellt wurde. Und Spaß macht es obendrein – mit etwas Glück werden Sie sogar dazu eingeladen, es selbst einmal zu versuchen!

Frische Pasta ist eigentlich schnell gemacht: Man braucht nicht viele Zutaten, und günstig ist sie allemal. Pasta kann mit Eiern oder Wasser zubereitet werden. Wenn Sie das passende Mehl verwenden, können Sie sogar glutenfreie Sorten herstellen. Frische Pasta ist schneller gekocht als getrocknete Pasta – die Kochzeit beträgt z. B. 1 Minute für dünne *spaghetti*-Formen und ca. 6 Minuten für dickere Nudeln oder gefüllte Pasta.

Es gibt viele regionale Varianten: jede Stadt, jedes Dorf und jede Familie hat ihre eigene Spezialität. Eiernudeln sind eher typisch für Norditalien. In Regionen wie Emilia Romagna werden daraus Gerichte mit *lasagne*, *tortellini* und *tagliatelle* kreiert. Pasta ohne Ei hat mehr Biss und wird in Süditalien bevorzugt. Hier gibt es Sorten wie *orecchiette* in Apulien oder *ricci* (eine Art *fusilli*) aus meiner Heimatstadt Minori. Ich erinnere mich gerne an meine Tante Antonietta, die noch vor nicht allzu langer Zeit mit gut neunzig Jahren daheim *ricci* zubereitete.

Falls Ihnen die Zeit fehlt, um selbst frische Pasta zuzubereiten, können Sie natürlich viele Sorten auch kaufen. Sehen Sie sich bei Ihrem italienischen Feinkosthändler oder im Supermarkt um, wo es inzwischen eine riesige Auswahl gibt. Und denken Sie daran, dass bei den meisten Rezepten dieses Kapitels die frische Pasta durch getrocknete Pasta ersetzt werden kann.

FRISCHE PASTA

TIPPS FÜR DIE ZUBEREITUNG VON PERFEKTER FRISCHER PASTA

Verwenden Sie stets italienisches Pastamehl »Type 00« von guter Qualität. Es ist feiner als andere Mehlsorten und leichter zu verarbeiten. Wenn Sie dem Teig Hartweizengrieß zugeben, sollten Sie feinen Grieß wählen, am besten aus italienischem Hartweizen mit der Bezeichnung *semola rimacinata di grano duro*. Sie finden beide Mehle beim italienischen Feinkosthändler.
Für Eiernudeln sollten Sie immer Bio-Eier aus Freilandhaltung mit schön leuchtendem Eigelb verwenden.
Pasta ohne Ei wird nur mit lauwarmem Wasser zubereitet. Wirkt der Teig zu trocken, geben Sie einfach noch etwas lauwarmes Wasser zu (auch bei Eiernudeln).
Wickeln Sie den fertigen Teig fest in Frischhaltefolie und lassen Sie ihn mindestens 30 Minuten im Kühlschrank ruhen. Pastateig sollte immer in Frischhaltefolie gewickelt werden, wenn Sie ihn gerade nicht verarbeiten. Bereits ausgerollte oder fertig geformte Pasta decken Sie mit einem feuchten Geschirrtuch ab, damit sie nicht austrocknet (außer Sie verarbeiten sie gleich weiter).

GERÄTE FÜR DIE ZUBEREITUNG FRISCHER PASTA

NUDELHOLZ Als meine Mutter früher Pasta zubereitete, hatte sie keine Pastamaschine, sondern verließ sich auf ihr bewährtes Nudelholz. Deshalb verwende ich für kleinere Mengen frischer Pasta nach wie vor ein Nudelholz. Sie müssen den Teig eine Weile auswalzen, bis er die gewünschte Dicke hat!

PASTAMASCHINE Die Anschaffung lohnt sich wirklich, da sie einem eine Menge Arbeit abnimmt. Stellen Sie die Maschine auf einer sauberen, stabilen Arbeitsfläche auf und befestigen Sie sie gut. Wählen Sie die höchste (breiteste) Einstellung. Drücken Sie ein Stück Teig mit den Händen flach, führen Sie es zwischen den Walzen ein und betätigen Sie die Kurbel, um es hindurchzudrehen. Reduzieren Sie die Walzeneinstellung und führen Sie die gleiche Teigbahn nochmals ein. Wiederholen Sie den Vorgang und reduzieren Sie bei jedem Schritt den Walzenabstand, bis der Teig immer dünner wird. Der letzte Durchgang erfolgt auf Stufe 1 (außer im Rezept anders angegeben) für hauchdünnen Teig, der für die meisten frischen Pastaformen und für gefüllte Pasta geeignet ist. Eine Pastamaschine umfasst meist Zubehör für lange Formen (*spaghetti*, *tagliatelle*, *linguine* oder *tagliolini*). Eine elektrische Maschine vermengt und knetet den Teig und enthält auch Nudelvorsätze für kurze Pasta, mit denen Sie nicht nur *spaghetti*, sondern auch *penne* selbst machen können. Diese Maschinen sind aber etwas teurer.

PASTAAUSSTECHER Es gibt eine Vielzahl von runden und rechteckigen Pastaausstechern unterschiedlichster Größe. Oder Sie verwenden einfach normale Plätzchenausstecher für gefüllte Pasta. Auch ein Teigrädchen ist praktisch, da es die rauen Kanten glättet. Aber ein scharfes Messer tut es ebenfalls.

TEIGPINSEL Sehr praktisch für gefüllte Pasta: Sie können die Teigränder mit verquirltem Ei oder Wasser bestreichen, damit sie besser aneinanderhaften.

PASTATEIG MIT EI

Ergibt Pasta für 4 Personen

200 g italienisches Pastamehl »Type 00«, gesiebt

2 Bio-Eier aus Freilandhaltung (Größe L)

Das Mehl in eine große Rührschüssel füllen oder auf einer sauberen Arbeitsfläche aufhäufen. In der Mitte eine Mulde formen, die Eier hineingeben und alles zu einem glatten Teig kneten. In Frischhaltefolie wickeln und 30 Minuten oder bis zur Verwendung im Kühlschrank aufbewahren.

PASTATEIG OHNE EI

Ergibt Pasta für 4 Personen

200 g italienisches Pastamehl »Type 00«, gesiebt

5–7 EL lauwarmes Wasser

Wie im obigen Rezept verfahren, aber die Eier durch lauwarmes Wasser ersetzen, das nach und nach zugegeben wird, bis der Teig glatt und nicht mehr zu trocken ist.

GLUTENFREIER PASTATEIG MIT EI

Ergibt Pasta für 4 Personen

150 g Buchweizenmehl, gesiebt

50 g Reismehl, gesiebt, plus etwas mehr zum Bestäuben

2 Eier

1 ½ TL natives Olivenöl extra

ca. 1 EL Wasser

Die Mehle in einer großen Schüssel oder auf einer sauberen Arbeitsfläche vermengen. In der Mitte eine Mulde formen, Eier und Olivenöl zugeben und alles vermengen. Dabei nach und nach das Wasser zuträufeln, bis ein weicher Teig entsteht (evtl. ist etwas mehr Wasser nötig). Zu einer Kugel formen, in Frischhaltefolie wickeln und mindestens 30 Minuten im Kühlschrank aufbewahren.

Den Teig in 3 oder 4 Portionen teilen und jeweils auf höchster Stufe durch die Pastamaschine drehen. Mehrere Durchgänge durchführen und die Walzeneinstellung dabei jedes Mal verkleinern. Nicht dünner als bis zu Nr. 4 (ca. 3 mm) ausrollen, da der Teig sonst reißt.

Alternativ eine Arbeitsfläche mit etwas Reismehl bestäuben und den Teig mit dem Nudelholz auf 3 mm Dicke ausrollen.

Den Pastateig je nach Verwendungszweck in Streifen oder Bahnen schneiden.

GLUTENFREIER PASTATEIG OHNE EI

Ergibt Pasta für 4 Personen

100 g Buchweizenmehl, gesiebt

100 g Reismehl, gesiebt, plus etwas mehr zum Bestäuben

50 g Kichererbsenmehl, gesiebt

1 ½ TL natives Olivenöl extra

ca. 150 ml Wasser

Die Mehle in einer großen Schüssel oder auf einer sauberen Arbeitsfläche vermengen. In der Mitte eine Mulde formen, das Olivenöl zugeben und alles zu einem weichen Teig verarbeiten, dabei nach und nach das Wasser zugießen. Zu einer Kugel formen, in Frischhaltefolie wickeln und mindestens 30 Minuten im Kühlschrank aufbewahren.

Den Teig in 3 oder 4 Portionen teilen und jeweils auf höchster Stufe durch die Pastamaschine drehen. Mehrere Durchgänge durchführen und die Walzeneinstellung dabei jedes Mal verkleinern. Nicht dünner als bis zu Nr. 4 (ca. 3 mm) ausrollen, da der Teig sonst reißt.

Alternativ eine Arbeitsfläche mit etwas Reismehl bestäuben und den Teig mit dem Nudelholz auf 3 mm Dicke ausrollen.

Den Pastateig je nach Verwendungszweck in Streifen oder Bahnen schneiden.

PAPPARDELLE CON RAGU DI FUNGHI MISTI

Pappardelle mit Ragù aus Mischpilzen

Ein typisches Gericht für den Herbst, wenn es reichlich Wildpilze gibt. Die Pilze werden wie ein traditionelles Fleisch-*ragù* zubereitet, sind aber ideal für Vegetarier. Falls gerade keine Wildpilze erhältlich sind, nehmen Sie einfach eine Zuchtpilzmischung.

Für 4 Personen

4 EL natives Olivenöl extra
1 Zwiebel, fein gehackt
1 Stange Staudensellerie, fein gehackt
1 Karotte, fein gehackt
1 Knoblauchzehe, fein gehackt
½ rote Chilischote, fein gehackt
2 Zweige Thymian
20 g getrocknete Steinpilze, in etwas warmem Wasser eingeweicht
500 g gemischte Wild- oder Zuchtpilze, geputzt und grob gehackt
3 EL Weißwein
400 g stückige Eiertomaten (aus der Dose)
300 ml heiße Gemüsebrühe
Meersalz und schwarzer Pfeffer aus der Mühle
350 g frische Pasta *pappardelle*
geriebener Parmesan zum Servieren

Das Olivenöl bei mittlerer Hitze in einer großen Pfanne heiß werden lassen und Zwiebel, Staudensellerie, Karotte, Knoblauch, Chili und Thymian darin 5 Minuten anbraten. Die eingeweichten Steinpilze ausdrücken (das Einweichwasser aufbewahren) und in die Pfanne geben. Die frischen Pilze zufügen und 1 Minute sautieren. Die Temperatur erhöhen, den Weißwein zugießen und einkochen lassen. Tomaten, Einweichwasser und Brühe zugeben und alles mit Salz und Pfeffer würzen. Zum Kochen bringen, dann die Temperatur reduzieren. Einen Deckel halb auflegen und das *ragù* 45 Minuten leise köcheln lassen.

Kurz vor Ende der Kochzeit Wasser mit Salz in einem großen Topf zum Kochen bringen und die *pappardelle* 2–3 Minuten *al dente* garen.

Die Pasta abseihen und gründlich mit dem *ragù* vermengen. Mit Parmesan bestreuen und sofort servieren.

ROTOLINI DI PASTA RIPIENI CON RADICCHIO E SERVITI CON FONDUTA

Mit Radicchio gefüllte Pastazylinder in Fontinasauce

Dieses Rezept macht ein wenig Mühe, ist den Aufwand aber wert! Der leicht bittere Geschmack des Radicchios ist die perfekte Ergänzung zur üppigen Käsesauce. Am besten eignen sich Fontina oder reifer Cheddar.

Für 6 Personen (ergibt 2 Röllchen)

1 Portion frischer Pastateig mit Ei (siehe S. 79)

Für die Füllung:

3 EL natives Olivenöl extra
100 g geräucherter Pancetta, fein gehackt
1 Bananenschalotte, fein gehackt
600 g Radicchio, in feine Streifen geschnitten
Blättchen von 2 Thymianzweigen
75 ml Rotwein
50 g Parmesan, gerieben
1 Ei, verquirlt

Für die Sauce:

200 g Kochsahne
150 g Fontina, klein gewürfelt oder gerieben
schwarzer Pfeffer aus der Mühle

Das Olivenöl in einem großen Topf bei mittlerer Hitze heiß werden lassen und Pancetta sowie Schalotte darin 2 Minuten anschwitzen. Temperatur erhöhen, Radicchio und Thymian zufügen und 2 Minuten sautieren. Den Wein zugießen und einkochen lassen. Die Temperatur wieder reduzieren und 10–15 Minuten abgedeckt köcheln lassen, bis der Radicchio weich ist. Vom Herd nehmen, leicht abkühlen lassen und die Hälfte des Parmesans unterrühren.

Den Pastateig in 2 gleich große Stücke teilen, zu 2 dünnen Rechtecken (36 cm x 24 cm) ausrollen und vorsichtig auf je ein sauberes Geschirrtuch legen. Die Füllung auf den Rechtecken verteilen, dabei einen 5 cm breiten Rand lassen. Den restlichen Parmesan darüberstreuen und die Ränder mit verquirltem Ei bestreichen. Den Teig mithilfe der Geschirrtücher längs einrollen, die Teigränder zusammenpressen und die Enden nach oben klappen. Komplett ins Geschirrtuch einwickeln, die Enden des Geschirrtuchs verdrehen und mit Küchengarn zusammenbinden.

Eine tiefe Bratreine etwa halb hoch mit Wasser füllen und bei mittlerer bis hoher Hitze zum Kochen bringen. Die 2 *rotoli* hineinlegen und, falls nötig, mit kochendem Wasser auffüllen, sodass sie vollständig bedeckt sind. 30 Minuten im sprudelnden Wasser garen.

Inzwischen für die Sauce Kochsahne und Fontina im Wasserbad erhitzen und mit einem Holzkochlöffel verrühren, bis der Käse schmilzt. Mit schwarzem Pfeffer würzen.

Die *rotoli* vorsichtig aus dem Wasser heben und aus dem Geschirrtuch wickeln. Die Teigenden abschneiden und entsorgen. Die Rollen in Stücke schneiden und mit der Fontinasauce servieren.

LAGANE E CECI

Lagane mit Kichererbsen

Dieses traditionelle Rezept ist ein Mittelding zwischen Suppe und *pastasciutta* (»nicht-suppiges« Pastagericht). *Lagane* wird aus nur wenigen Zutaten hergestellt und ist besonders in den süditalienischen Regionen Kampanien, Basilikata und Kalabrien beliebt. Dort gilt es als eines der ältesten Pastagerichte. Der in kurze, breite Bänder geschnittene Teig soll ein Vorläufer der *lasagne* sein, was schon der Name *lagane* vermuten lässt. Sie können auch getrocknete Kichererbsen verwenden, beachten Sie vorher jedoch die Packungsanweisung.

Für 4 Personen

4 EL natives Olivenöl extra

2 Knoblauchzehen

150 g *guanciale* (geräucherte Schweinebäckchen) oder geräucherter Pancetta, klein gewürfelt

2 Rosmarinzweige

800 g Kichererbsen (aus der Dose), abgeseiht

1,4 l heiße Gemüsebrühe

1 Portion frischer Pastateig ohne Ei (siehe S. 79)

italienisches Pastamehl »Type 00« zum Bestäuben

40 g Pecorino, gerieben

1 Handvoll Petersilienblätter, frisch gehackt

Das Olivenöl in einem großen Topf bei mittlerer Hitze heiß werden lassen und Knoblauch, *guanciale* und Rosmarin darin 3 Minuten anschwitzen. Die Kichererbsen zugeben und 1 Minute sautieren. Gemüsebrühe zugießen und weitere 5 Minuten kochen.

Inzwischen den Pastateig auf einer leicht bemehlten Arbeitsfläche ca. 5 mm dick ausrollen und in Streifen schneiden (4 cm x 8 cm).

Die Pastastreifen (*lagane*) zu den Kichererbsen geben und in der Brühe 7–8 Minuten *al dente* garen.

Vom Herd nehmen, Pecorino und Petersilie unterrühren und sofort servieren.

PASTA E FAGIOLI DI ADRIANA

Adrianas Pasta mit Bohnen

Pasta e fagioli **waren in meiner Familie stets beliebt und sind es immer noch. Es gibt zahlreiche Rezeptvarianten, je nach Region und Familie – der Wetteifer um die »korrekte« Zubereitung ist groß. Dieses Rezept stammt von meiner Schwester Adriana. Wer es flüssiger mag, kann mehr Brühe zugießen, aber laut Adriana muss eine echte** ***Pasta e fagioli*** **dickflüssig sein. Da will ich nicht streiten, denn ihre Version schmeckt so köstlich, dass ich immer noch eine zweite Portion haben möchte! Falls Sie keine frische Pasta zur Hand haben, können Sie auch getrocknete Nudeln verwenden. Wer Zeit und Lust hat, kann auch getrocknete Borlotti-Bohnen nehmen: Orientieren Sie sich dann aber für die Kochzeit an der Packungsanweisung.**

Für 4 Personen

4 EL natives Olivenöl extra, plus etwas mehr zum Beträufeln

100 g Pancetta, gewürfelt

1 Zwiebel, in feine Ringe geschnitten

1 Stange Staudensellerie, in feine Stücke geschnitten, plus einige Staudenselleriebätter

1 ganze Knoblauchzehe

1 Rosmarinzweig

800 g Borlotti-Bohnen (aus der Dose), abgeseiht

1,5 l heiße Gemüsebrühe

250 g frische Pasta wie *tagliatelle* oder *pappardelle*, grob in 7 cm große Stücke geschnitten

Meersalz und schwarzer Pfeffer aus der Mühle

Das Olivenöl in einem großen Topf bei mittlerer Hitze heiß werden lassen und den Pancetta darin 1 Minute anbraten. Zwiebel, Staudensellerie, Knoblauch und Rosmarin zufügen und 2 Minuten sautieren. Die Borlotti-Bohnen unterrühren, die Gemüsebrühe zugießen und alles zum Kochen bringen. Die Temperatur reduzieren, einen Deckel auflegen und 20 Minuten köcheln lassen.

Anschließend ein Viertel der Bohnenmischung herausnehmen, im Mixer zu einer fast glatten Paste verarbeiten und beiseitestellen.

Die Temperatur wieder erhöhen, die frische Pasta zugeben und 2 Minuten *al dente* garen.

Vom Herd nehmen und die Bohnenpaste unterrühren. Mit Salz und Pfeffer abschmecken, einen Deckel auflegen und 5 Minuten durchziehen lassen. Mit Olivenöl beträufeln und servieren.

ORECCHIETTE FRESCHE AL POMODORO CON BURRATA AL LIMONE

Frische Orecchiette mit Tomaten und Zitronenburrata

Orecchiette **(wörtlich »Öhrchen«) stammen aus Apulien in Süditalien, wo manche Frauen vor ihrem Haus diese traditionelle Pasta ohne Ei zubereiten. Die Restaurants der Region servieren frisch gemachte *orecchiette* mit *cime di rape* (Stängelkohl), mit Fleisch-*ragù* oder einfach mit frischer Tomatensauce wie auch in diesem Rezept. Als Krönung habe ich *burrata* zugefügt, einen weichen, cremigen Büffelmilchkäse aus Apulien, sowie ein wenig erfrischende Zitronenschale.**
Falls *burrata* nicht erhältlich ist, können Sie Büffelmozzarella nehmen. Für selbstgemachte *orecchiette* verwenden Sie das Rezept für Pasta ohne Ei auf Seite 79. Oder Sie kaufen sie im Feinkostladen.

Für 4 Personen

2 EL natives Olivenöl extra

1 kleine Zwiebel, sehr fein gehackt

325 g Datteltomaten, halbiert

1 Handvoll Basilikumblätter

Meersalz

400 g frische Pasta *orecchiette* (gekauft oder siehe frische Pasta ohne Ei, S. 79)

30 g Parmesan, gerieben

250 g *burrata*, grob zerpflückt

Abrieb von 1 kleinen Bio-Zitrone

schwarzer Pfeffer aus der Mühle

Das Olivenöl bei mittlerer Hitze in einer Pfanne heiß werden lassen und die Zwiebel darin 2 Minuten anbraten. Tomaten und Basilikumblätter zufügen, ein wenig salzen und 10 Minuten garen. Dabei gelegentlich mit einem Holzkochlöffel umrühren.

Inzwischen Wasser mit Salz in einem großen Topf zum Kochen bringen und die *orecchiette* 5 Minuten *al dente* garen.

Die Pasta abseihen und mit dem Parmesan zur Tomatensauce geben. Gut vermengen, dann vom Herd nehmen.

Mit *burrata*, Zitronenabrieb und etwas schwarzem Pfeffer krönen und sofort servieren.

PIZZOCCHERI VALTELLINESI

Buchweizenpasta mit Wirsing und Taleggio

Diese kräftige Speise aus den Bergen bei Valtellina (Norditalien) sättigt und macht glücklich, besonders im Winter. Das nahrhafte vegetarische Gericht ist uralt – Buchweizen wird in dieser Region seit langer Zeit angebaut und für Pasta und andere Speisen verwendet. Weitere Zutaten aus der Gegend wie Kartoffeln und Wirsing sowie Käsesorten wie Bitto oder Asiago Taleggio verleihen den *pizzoccheri* mehr Aroma. Falls Sie die Pasta nicht selbst machen möchten, können Sie auch im italienischen Feinkosthandel nachfragen.

Für 6 Personen

Für den Pastateig:

200 g italienisches Pastamehl »Type 00«, plus mehr zum Bestäuben

300 g Buchweizenmehl

1 Prise Salz

250 ml heißes Wasser (nicht kochend)

Für die Sauce:

Meersalz

250 g Kartoffeln, geschält und in 1 cm große Würfel geschnitten

250 g Wirsing (Nettogewicht), in feine Streifen geschnitten

200 g Taleggio, klein gewürfelt

50 g Parmesan, gerieben

85 g Butter

2 ganze Knoblauchzehen, zerdrückt

schwarzer Pfeffer aus der Mühle

Für den Pastateig beide Mehle und etwas Salz in einer großen Schüssel vermengen. In der Mitte eine Mulde formen und das heiße Wasser nach und nach unter ständigem Rühren zugießen. Vorsichtig kneten, bis sich ein glatter, weicher Teig bildet. Den Teig zu einer Kugel formen, in Frischhaltefolie wickeln und mindestens 30 Minuten ruhen lassen.

Den Teig auswickeln und auf einer leicht bemehlten Arbeitsfläche ca. 5 mm dick ausrollen. Alternativ von höchster bis niedrigster Einstellung durch die Pastamaschine drehen. In lange *tagliatelle*-Form schneiden und dann halbieren, sodass *pizzoccheri* entstehen.

Einen großen Topf mit gesalzenem Wasser erhitzen und Kartoffeln und Wirsing darin 4 Minuten kochen. Die *pizzoccheri* zugeben und einige Minuten garen, bis die Pasta *al dente* ist.

Pasta und Gemüse abseihen. Eine Schicht *pizzoccheri* und Gemüse in eine vorgewärmte Servierschüssel füllen und mit Taleggio und Parmesan bestreuen. Schicht für Schicht einfüllen, bis alles aufgebraucht ist.

Die Butter in einer kleinen Pfanne zerlassen und die Knoblauchzehen darin 1 Minute anbraten. Dann herausnehmen und die schäumende Butter über die geschichtete Pasta gießen. Der Käse sollte durch die Hitze leicht schmelzen. Vorsichtig mit einer Gabel vermengen, mit Salz und Pfeffer würzen und sofort servieren.

TAGLIATELLE FRESCHE CON FUNGHI E ASPARAGI

Frische Tagliatelle mit Pilzen und Spargel

Wenn ich im Frühling wild wachsende Mairitterlinge finde, bereite ich gerne dieses schnelle Gericht zu. Meist ist zeitgleich der erste Spargel erhältlich. Leider gibt es Mairitterlinge kaum zu kaufen, weshalb Sie Zuchtchampignons oder Austernpilze verwenden können, falls Sie nicht das Glück haben, die köstlichen weißen Frühlingspilze auf Wiesen oder Feldern zu entdecken. Wie bei allen Wildpilzen sollten Sie sich allerdings hundertprozentig sicher sein, dass es sich nicht um Giftpilze handelt. Sie können die frischen *tagliatelle* entweder selbst zubereiten (siehe Rezepte für frischen Pastateig auf Seite 79) oder kaufen.

Für 4 Personen

6 EL natives Olivenöl extra

4 Knoblauchzehen, in feine Scheiben geschnitten

½ rote Chilischote, fein gehackt

300 g Pilze, in feine Scheiben geschnitten

150 g Datteltomaten, halbiert

Meersalz

325 g frische Pasta *tagliatelle* (gekauft oder siehe frische Pasta, S. 79)

150 g Spargel, fein gehackt, Spitzen ganz lassen

geriebener Parmesan zum Servieren (nach Belieben)

Das Olivenöl bei mittlerer Hitze in einer großen Pfanne heiß werden lassen und Knoblauch sowie Chili darin 1 Minute anschwitzen. Die Pilze zufügen und 1 Minute sautieren. Die Tomaten unterrühren und 1 Minute garen.

Wasser mit Salz in einem großen Topf zum Kochen bringen und die *tagliatelle* 1–2 Minuten *al dente* garen.

Inzwischen den Spargel mit etwas Salz zu den Pilzen in die Pfanne geben. 150 ml heißes Pastakochwasser zugießen, einen Deckel auflegen und 3 Minuten kochen.

Die *tagliatelle* abseihen und bei hoher Hitze gründlich unter die Sauce mischen. Vom Herd nehmen, nach Belieben mit Parmesan bestreuen und servieren.

PISAREI E FASO'

Nocken aus Pasta ohne Ei mit Bohnen

Dieses ehrwürdige bäuerliche Gericht aus der Emilia Romagna schmeckt einfach köstlich: Als ich es meiner Familie zum Testen vorsetzte, war es im Nu aufgegessen! Beliebt ist es besonders um Piacenza, wo es in der Trattoria und im edlen Restaurant serviert wird. Die frische Pasta ohne Ei mit Bohnen-Tomaten-Sauce ist ideal für Veganer.

Für 4 Personen

200 g italienisches Pastamehl »Type 00«, plus mehr zum Bestäuben

1 Prise Meersalz

70 g Semmelbrösel

140 ml warmes Wasser

Für die Bohnen-Tomaten-Sauce:

2 EL natives Olivenöl extra

1 Zwiebel, fein gehackt

800 g Borlotti-Bohnen (aus der Dose), abgeseiht

500 ml Tomatenpassata

Meersalz und schwarzer Pfeffer aus der Mühle

Mehl, Salz und Semmelbrösel in einer großen Schüssel oder auf der sauberen Arbeitsfläche vermengen. Nach und nach warmes Wasser zugießen und alles zu einem glatten Teig verarbeiten. In Frischhaltefolie wickeln und 30 Minuten ruhen lassen.

Inzwischen für die Sauce das Olivenöl bei niedriger bis mittlerer Hitze in einem Topf heiß werden lassen und die Zwiebel darin weich garen. Die Borlotti-Bohnen untermengen und 1 Minute braten. Die Passata zufügen und alles mit Salz und Pfeffer würzen. Einen Deckel auflegen und bei mittlerer Hitze 20 Minuten schmoren.

Den Nudelteig auswickeln, ein Stück abschneiden und auf einer leicht bemehlten Arbeitsfläche zu einer Wurst rollen (den restlichen Teig bis zur Verwendung wieder in Frischhaltefolie wickeln). Den Teig wie kleine Gnocchi in 1 cm große Stücke schneiden und jede Nudel mit dem Finger leicht eindrücken, sodass *pisarei* entstehen. Mit dem restlichen Teig ebenso verfahren.

Wasser mit Salz in einem großen Topf zum Kochen bringen und die *pisarei* garen, bis sie an die Wasseroberfläche steigen, und dann weitere 2 Minuten kochen. Mit einem Schaumlöffel herausheben und unter die Sauce mengen. Vom Herd nehmen, 1 Minute durchziehen lassen und servieren.

SCIALATIELLI CON SUGO DI MELANZANE

Scialatielli mit Auberginensauce

Diese typische Pasta von der Amalfiküste ist relativ neu – sie wurde erstmals in den 1970er-Jahren von einem Koch der Region zubereitet, der den Pastateig mit Milch, geriebenem Käse und frischen Kräutern verfeinerte. Das Gericht kam gut an und ist inzwischen im süditalienischen Kampanien sehr beliebt. Mit Saucen aus regionalen Zutaten wie Muscheln, Zitronen, neapolitanischem Fleisch-*ragù* oder Gemüse wie Auberginen schmeckt diese Pasta einfach perfekt. Oder Sie reichen sie mit einer einfachen Sauce aus frischen Kirschtomaten oder aus Butter und Zitrone.

Für 4–6 Personen

125 ml Milch

1 Ei

1 ½ EL natives Olivenöl extra

400 g Hartweizengrieß (*semola di grano duro rimaccinata*), plus mehr zum Bestäuben

30 g Pecorino, gerieben

1 Handvoll Basilikumblätter, frisch gehackt

Für die Auberginensauce:

4 EL natives Olivenöl extra

450 g Auberginen, in Streifen geschnitten

1 ganze Knoblauchzehe, zerdrückt

400 g stückige Eiertomaten (aus der Dose)

1 Handvoll Basilikum, grob zerpflückt, plus etwas mehr zum Servieren

Meersalz und schwarzer Pfeffer aus der Mühle

20 g Pecorino, gerieben, plus etwas mehr zum Servieren

Milch, Ei und Olivenöl in einer kleinen Schüssel verrühren.

Hartweizengrieß, Pecorino und Basilikum in einer großen Schüssel oder auf einer sauberen Arbeitsfläche vermengen. In der Mitte eine Mulde formen, nach und nach die Milchmischung zugießen und alles zu einem weichen Teig verarbeiten. In Frischhaltefolie wickeln und 30 Minuten im Kühlschrank ruhen lassen.

Inzwischen für die Sauce das Olivenöl in einem großen Topf bei mittlerer bis hoher Hitze heiß werden lassen und die Auberginenstreifen darin unter Rühren goldgelb braten. Herausnehmen und auf Küchenpapier abtropfen lassen. Den Knoblauch im selben Topf 1 Minute anschwitzen, dann ebenfalls herausnehmen. Tomaten und Basilikum zum Öl geben, salzen, pfeffern, einen Deckel auflegen und unter gelegentlichem Rühren bei mittlerer Hitze 15 Minuten schmoren. Die Auberginenstreifen wieder zufügen und weitere 5 Minuten garen.

Eine saubere Arbeitsfläche mit etwas Hartweizengrieß bestäuben und den Teig ca. 5 mm dick ausrollen. Zu 12 cm langen Teigstreifen schneiden.

Wasser mit Salz in einem großen Topf zum Kochen bringen und die *scialatielli* 4 Minuten garen. Mit einem Schaumlöffel herausheben und zusammen mit dem Pecorino bei mittlerer bis hoher Hitze gut mit der Auberginensauce vermengen. Vom Herd nehmen, mit zusätzlichem Pecorino und frischen Basilikumblättern bestreuen und sofort servieren.

TONNARELLI CACIO E PEPE

Tonnarelli mit Pecorino Romano und schwarzem Pfeffer

Tonnarelli gleichen dicken _spaghetti_ mit quadratischem Querschnitt. Sie werden auch _spaghetti alla chittara_ genannt, da das Gerät, mit dem man sie herstellt, an Gitarrensaiten erinnert. _Cacio e Pepe_ ist ein römisches Pastarezept mit Pecorino und schwarzem Pfeffer. Kaufen Sie nach Möglichkeit Pecorino Romano, da er diesem Gericht seinen typisch kräftigen Geschmack verleiht. Obwohl die Zubereitung recht einfach ist, müssen Sie schnell vorgehen, sobald das Wasser mit der Pasta zu kochen beginnt – das Pastakochwasser lockert nicht nur Pasta auf, sondern soll auch den Käse schmelzen, der erst zur Pasta gegeben wird, wenn sie nicht mehr auf dem Herd steht, da er ansonsten Klümpchen bildet. Dies ist meine Version dieses traditionellen Rezepts; Sie können ganz nach Geschmack mehr oder weniger Pfeffer verwenden. Falls Sie die _tonnarelli_ nicht selbst machen möchten, nehmen Sie frische oder getrocknete _spaghetti_.

Für 4 Personen

325 g frische Pasta *tonnarelli* oder dicke *spaghetti* oder 1 Portion Pastateig mit Ei (siehe S. 79)

2 EL schwarze Pfefferkörner

160 g Pecorino Romano, sehr fein gerieben, plus etwas mehr zum Servieren

Meersalz und schwarzer Pfeffer aus der Mühle

Falls selbst zubereitet, den Pastateig auf eine Dicke von 3 mm ausrollen oder bis zu Stufe 4 durch die Pastamaschine walzen. Anschließend den Teig durch den *spaghetti*-Vorsatz drehen. Die Pasta mit einem feuchten Geschirrtuch abdecken und beiseitestellen, während die Sauce zubereitet wird.

Eine große Pfanne ohne Fett bei hoher Hitze heiß werden lassen und die Pfefferkörner darin kurz anrösten, dann im Mörser mit dem Stößel fein zerstoßen. Den Pfeffer zurück in die Pfanne geben, aber die Pfanne nicht wieder erhitzen.

Den Pecorino in eine Schüssel füllen und beiseitestellen.

Wasser mit Salz in einem großen Topf zum Kochen bringen und die *tonnarelli* knapp 2 Minuten *al dente* garen. Sobald die Pasta zu kochen beginnt, einen Schöpflöffel Kochwasser zu den Pfefferkörnern geben. Die Pfanne bei mittlerer Hitze heiß werden lassen.

Einige weitere Schöpflöffel Pastakochwasser entnehmen und in die Schüssel zum Pecorino gießen. Gründlich zu einer cremigen Mischung vermengen.

Die fertige Pasta mit einer Küchenzange aus dem Wasser heben und in die Pfanne geben. Auf hohe Temperatur schalten und 1 Minute garen.

Die Pfanne vom Herd nehmen und die Käsemischung gründlich unter die Pasta mischen. Mit Pecorino und schwarzem Pfeffer aus der Mühle bestreuen und sofort servieren.

LINGUINE CON TONNO FRESCO E BRICIOLE

Linguine mit frischem Thunfisch und Semmelbröseltopping

Ein fixes Gericht mit nährstoffreichem Thunfisch. Das knusprige Topping aus gerösteten Semmelbröseln und Pinienkernen verleiht dieser leichten, gesunden Pasta etwas Biss. Kaufen Sie frische *linguine* vom Feinkosthändler oder machen Sie sie gleich selbst.

Für 4 Personen

400 g frische Pasta *linguine* (gekauft oder siehe Pastateig mit oder ohne Ei, S. 79)

Meersalz

4 EL natives Olivenöl extra

2 Bananenschalotten, fein gehackt

500 g frischer Thunfisch, in Stücke geschnitten

schwarzer Pfeffer aus der Mühle

Abrieb von ½ Bio-Zitrone

100 ml Weißwein

1 Handvoll Petersilienblätter, frisch gehackt

geröstete Vollkornsemmelbrösel und geröstete Pinienkerne zum Servieren

Falls selbst zubereitet, den Pastateig mit der Pastamaschine 5 mm dick ausrollen und durch den *linguine*-Vorsatz drehen.

Wasser mit Salz in einem großen Topf zum Kochen bringen und die frische Pasta 1–2 Minuten *al dente* garen.

Inzwischen das Olivenöl in einer großen Pfanne erhitzen und die Schalotten darin bei mittlerer Hitze anschwitzen, bis sie weich sind. Die Temperatur erhöhen, die Thunfischstücke zufügen, mit Salz und Pfeffer würzen und sautieren, bis sie rundum angebräunt sind. Zitronenabrieb und Weißwein zugeben und einkochen lassen.

Die Pasta abseihen, mit der Petersilie in die Pfanne geben und alles bei mittlerer Hitze 1 Minute vermengen.

Vom Herd nehmen, mit gerösteten Semmelbröseln und Pinienkernen bestreuen und sofort servieren.

TAGLIERINI AL NERO DI SEPPIA CON CAPESANTE

Taglierini mit Tintenfischtinte und Jakobsmuscheln

Meeresfrüchtefans kommen an diesem Rezept nicht vorbei. Der Pastateig wird mit Tintenfischtinte aromatisiert und schön schwarz gefärbt. So passt die Pasta hervorragend zu den zarten Jakobsmuscheln. Falls Sie den Pastateig selbst zubereiten, können Sie im Feinkosthandel Tütchen mit Tintenfischtinte kaufen. Oder Sie nehmen fertige frische oder getrocknete Pasta wie *spaghetti, linguine, taglierini, tagliolini* oder *capelli d'angelo.* Die letzten drei Formen sind Bandnudeln mit ca. 2 mm Breite, die sich gut für dieses edle Meeresfrüchtegericht eignen.

Für 4 Personen

350 g frische Pasta *taglierini* oder *spaghetti* mit Tintenfischtinte oder

1 Portion Pastateig mit Ei (siehe S. 79)

4 g Tintenfischtinte

4 EL natives Olivenöl extra, plus etwas mehr zum Beträufeln

4 Knoblauchzehen, in feine Scheiben geschnitten

½ rote Chilischote, in feine Ringe geschnitten

8 große ausgelöste Jakobsmuscheln, Rogen abgetrennt, weißes Fleisch längs in 3 oder 4 Scheiben geschnitten

8 Sardellenfilets

1 EL Kapern

100 ml Weißwein

Meersalz und schwarzer Pfeffer aus der Mühle

1 Handvoll Petersilienblätter, frisch gehackt

6 Kirschtomaten, in feine Scheiben geschnitten

Falls der Pastateig selbst zubereitet wird, die Tintenfischtinte gemeinsam mit dem Ei zugeben. Gründlich zu einem weichen, schwarzen Pastateig vermengen, dünn ausrollen und in 2–3 mm breite Bänder schneiden.

Inzwischen das Olivenöl bei mittlerer Hitze in einer großen Pfanne heiß werden lassen und Knoblauch und Chili darin 1 Minute anschwitzen. Rogen, Sardellenfilets und Kapern zufügen und einige Sekunden anbraten. Die Jakobsmuschelscheiben zugeben, die Temperatur erhöhen, Weißwein angießen und einkochen lassen.

Wasser mit Salz in einem großen Topf zum Kochen bringen und die Pasta 1 Minute *al dente* garen. Mit der Küchenzange herausheben und bei hoher Hitze gründlich unter die Jakobsmuschelsauce mengen. Mit Salz und Pfeffer würzen, Petersilie und Tomaten unterrühren. Mit Olivenöl beträufeln und sofort servieren.

BIGOLI ALLA VENETA

Bigoli mit Sardellen-Zwiebel-Sauce

***Bigoli* ist eine dicke, *spaghetti*-ähnliche Pasta mit rauer Oberfläche. Sie wird in Venedig und in Venetien besonders geschätzt, wo sie frisch oder getrocknet verkauft wird. Falls Ihre Pastamaschine keinen *bigoli*-Aufsatz hat, können Sie einfach etwas dickere *spaghetti* machen. Die schlichte Sauce wurde traditionell zur Fastenzeit oder freitags zubereitet.**

Für 4 Personen

1 Portion Pastateig ohne Ei (siehe S. 79)

italienisches Pastamehl »Type 00« zum Bestäuben

Für die Sauce:

3 EL natives Olivenöl extra

2 Zwiebeln, fein geschnitten

12 Sardellenfilets

2 EL Weißwein

Meersalz und schwarzer Pfeffer aus der Mühle

Den Pastateig ausrollen und entweder durch den *bigoli*-Vorsatz der Pastamaschine drehen oder auf einer leicht bemehlten Arbeitsfläche ca. 5 mm dick ausrollen und zu dicken *spaghetti* schneiden.

Für die Sauce das Olivenöl in einem Topf mit Antihaftbeschichtung bei niedriger bis mittlerer Hitze heiß werden lassen und Zwiebeln und Sardellenfilets darin anschwitzen, bis die Zwiebeln glasig sind. Den Weißwein zugießen, einen Deckel auflegen und unter gelegentlichem Rühren 20 Minuten köcheln lassen.

Inzwischen Wasser mit Salz in einem großen Topf zum Kochen bringen. Die *bigoli* zufügen und 4 Minuten *al dente* garen.

Die *bigoli* abseihen und bei hoher Temperatur gründlich unter die Sauce mengen. Vom Herd nehmen, abschmecken und bei Bedarf mit etwas Salz und einer guten Prise schwarzem Pfeffer würzen. Sofort servieren.

QUADRUCCI AL BRODO DI POLLO

Quadrucci in Hühnerbrühe

Jedes italienische Kind kennt diese milde, hausgemachte Hühnerbrühe mit kleiner Pasta. Sie können Ihre *quadrucci* (»Quadrätchen«) aus dem Pastateig mit Ei auf Seite 79 machen: Dazu schneiden Sie den Teig erst zu *tagliatelle* und dann in 1 cm große Quadrate. Oder Sie kaufen gleich frische *tagliatelle* und schneiden sie auf. Nehmen Sie unbedingt Hühnerbrühe von allerbester Qualität. Sie können die Brühe auch als Vorspeise servieren und das Hähnchenfleisch mit Gemüse als Hauptgericht.

Für 4–6 Personen

250 g Pasta *quadrucci* oder frische Pasta *tagliatelle*, in 1 cm große Quadrate geschnitten

geriebener Parmesan zum Servieren (nach Belieben)

Für die Brühe:

1 Hähnchen (ca. 1,2 kg)

1 große Zwiebel, halbiert

2 Stangen Staudensellerie mit Blättern, halbiert

2 Karotten, in große Stücke geschnitten

1 Handvoll glatte Petersilie

1 TL Meersalz

4 schwarze Pfefferkörner

Alle Zutaten für die Brühe in einen großen, schweren Topf geben. Etwa 3 Liter Wasser zugießen, sodass das Hähnchen gut bedeckt ist. Zum Kochen bringen, dann auf niedrige Temperatur reduzieren, einen Deckel auflegen und 1 ½ Stunden leise köcheln lassen.

Hähnchen und Gemüse aus dem Topf nehmen und beiseitestellen. Die Flüssigkeit durch ein Sieb in eine Schüssel abseihen, abschmecken und bei Bedarf etwas nachsalzen. Zurück in den Topf gießen und erneut zum Kochen bringen. Dann die *quadrucci* zufügen und 1–2 Minuten garen, bis sie *al dente* sind.

Vom Herd nehmen, Brühe und Nudeln auf Servierschüsseln verteilen, nach Belieben mit Parmesan bestreuen und servieren.

TAGLIATELLE AL RAGU DI STINCO D'AGNELLO

Tagliatelle mit Lammhachsen-Ragù

Die Lammhachse wird ganz langsam geschmort, sodass Sie ein aromatisches *ragù* für die frischen Eier-*tagliatelle* erhalten. Nach dem Schmoren löst sich das Fleisch leicht vom Knochen und kann mit Sauce und Pasta vermengt werden. Sie können die *tagliatelle* selbst zubereiten (Pasta mit Ei auf Seite 79) oder fertige Pasta kaufen.

Für 4 Personen

2 EL natives Olivenöl extra
1 Lammhachse (ca. 400 g)
1 Rosmarinzweig
½ kleine Zwiebel, fein gehackt
½ Stange Staudensellerie, fein gehackt
1 kleine Karotte, fein gehackt
Meersalz und schwarzer Pfeffer aus der Mühle
1 EL Tomatenmark, mit 2 EL Rotwein angerührt
800 g stückige Eiertomaten (aus der Dose)
400 g frische Pasta *tagliatelle*
geriebener Parmesan zum Servieren

Das Olivenöl in einem mittelgroßen Topf bei mittlerer Hitze heiß werden lassen und die Lammhachse darin rundum gut anbraten. Herausnehmen und beiseitestellen. Rosmarinzweig und Gemüse zufügen und einige Minuten anschwitzen. Die Lammhachse zurück in den Topf geben und mit Salz und Pfeffer würzen. Angerührtes Tomatenmark und stückige Tomaten mit ½ Tomatendose Wasser zugießen. Zum Kochen bringen, dann die Temperatur reduzieren, einen Deckel auflegen und 2 ½ Stunden schmoren.

Die Lammhachse herausnehmen und das Fleisch vom Knochen lösen. Den Knochen entsorgen. Das Fleisch in kleine Stücke zerpflücken und beiseitestellen.

Wasser mit Salz in einem großen Topf zum Kochen bringen und die *tagliatelle* 1–2 Minuten *al dente* garen. Die Pasta abseihen und mit dem Tomaten-*ragù* vermengen. Mit Lammfleisch und Parmesan servieren.

TONNARELLI CON SALSICCIA E RADICCHIO

Tonnarelli mit Wurst und Radicchio

***Tonnarelli* sind dicke *spaghetti* aus Latium und den Abruzzen, wo diese Pasta als *spaghetti alla chittara* bekannt ist, da man für ihre Herstellung ein Gerät benötigt, das an Gitarrensaiten erinnert. Falls Sie eines dieser Geräte haben, können Sie die *tonnarelli* selbst zubereiten. Ansonsten verwenden Sie einfach den *spaghetti*-Vorsatz der Pastamaschine und machen die *spaghetti* etwas dicker als sonst. Die kräftige Sauce mit Wurstbrät und Pecorino passt gut zum leicht bitteren Radicchio, der diesem traditionellen römischen Gericht etwas Leichtigkeit verleiht.**

Für 4 Personen

1 Portion Pastateig mit Ei (siehe S. 79)

Für die Sauce:

2 EL natives Olivenöl extra

1 Zwiebel, fein gehackt

200 g italienische Schweinswurst, gehäutet und Wurstbrät zerbröckelt

150 ml Weißwein

200 g Radicchio, in feine Streifen geschnitten

Meersalz und schwarzer Pfeffer aus der Mühle

50 g Pecorino, gerieben, plus etwas mehr zum Servieren

Den Pastateig nur bis Stufe 3 (ca. 2,5 mm) der Pastamaschine und somit etwas dicker als gewöhnlich ausrollen, anschließend durch den *spaghetti*-Vorsatz drehen. Alternativ den Teig mit einem scharfen Messer in lange, dicke Stränge schneiden und beiseitestellen.

Das Olivenöl bei mittlerer Hitze in einer großen Pfanne heiß werden lassen und die Zwiebel darin 1–2 Minuten anschwitzen. Das Wurstbrät zugeben und rundum gut anbraten. Die Temperatur erhöhen, den Weißwein zugießen und einkochen lassen. Radicchio zufügen und mit Salz und Pfeffer abschmecken. 7 Minuten sautieren, bis der Radicchio gar, aber noch knackig ist.

Inzwischen Wasser mit Salz in einem großen Topf zum Kochen bringen und die *tonnarelli* 1–2 Minuten *al dente* garen.

Die Pasta abseihen, mit dem Pecorino zur Sauce geben und bei hoher Hitze 1 Minute gut vermengen. Vom Herd nehmen, mit zusätzlichem Pecorino garnieren und servieren.

FARFALLE CON ZUCCHINE MISTE E SPECK

Farfalle mit grünen und gelben Zucchini und Speck

Das perfekte Rezept fürs Sommerende, wenn es reichlich Zucchini gibt und auch die gelbe Sorte erhältlich ist! Geraspelte Zucchini und Zucchinistifte sorgen für eine abwechslungsreiche Konsistenz. Vegetarier lassen den Speck einfach weg. Frische *farfalle* sind gut erhältlich, aber Sie können sie natürlich mit dem Rezept für Pastateig mit Ei von Seite 79 auch selbst machen.

Für 4 Personen

400 g gelbe und grüne Zucchini gemischt

4 EL natives Olivenöl extra

1 Bananenschalotte, fein gehackt

Meersalz und schwarzer Pfeffer aus der Mühle

320 g frische Pasta *farfalle*

200 g (Südtiroler) Speck, in feine Streifen geschnitten

10 Minzeblätter

Die Hälfte der Zucchini grob raspeln, den Rest stifteln. Beides beiseitestellen.

2 EL Olivenöl in einer Pfanne bei niedriger Hitze heiß werden lassen und die Schalotte darin 10 Minuten anschwitzen, bis sie weich und glasig ist. Dabei einige EL heißes Wasser zufügen. Die geraspelten Zucchini mit 1 weiteren EL heißem Wasser zugeben, mit Salz und Pfeffer würzen und 5 Minuten braten.

Inzwischen das restliche Olivenöl in einer weiteren Pfanne erhitzen und die Zucchinistifte darin bei mittlerer Hitze 4–5 Minuten sautieren, bis sie weich und leicht angebräunt sind. Vom Herd nehmen und beiseitestellen.

Wasser mit Salz in einem großen Topf zum Kochen bringen und die *farfalle* 1–2 Minuten *al dente* garen.

Den Speck unter die geraspelten Zucchini heben. Die *farfalle* abseihen und ebenfalls zugeben. Gründlich vermengen und bei mittlerer bis hoher Hitze 1 Minute braten. Vom Herd nehmen, mit Minzeblättern und etwas schwarzem Pfeffer bestreuen und mit den Zucchinistiften servieren.

FUSILLI CON CONIGLIO E PROFUMO D'ARANCIA

Fusilli mit Kaninchenfleisch und Orange

Statt für dieses rustikale Gericht mit dem üblichen *soffritto* zu beginnen, wird das Kaninchenfleisch in Olivenöl und Wein zart gebraten, bevor man Gemüse und Orangensaft zugibt. Das Gericht wird dann bei niedriger Hitze geschmort, bis die Flüssigkeit aufgesogen ist und Fleisch und Gemüse das herrliche Aroma aufgenommen haben. Das Orangenaroma passt wunderbar zum Kaninchenfleisch, dessen feinen Geschmack es noch intensiviert. Sie können das Kaninchenfleisch jedoch auch gerne durch Hähnchenbrust ersetzen.

Für 4 Personen

550 g Kaninchenfleisch (mit Knochen gewogen)
4 EL natives Olivenöl extra
2 Rosmarinzweige
300 ml Weißwein
Meersalz und schwarzer Pfeffer aus der Mühle
2 Bananenschalotten, fein gehackt
1 große Karotte, fein gehackt
1 Stange Staudensellerie, fein gehackt
Zesten und Saft von 1 Bio-Orange
325 g frische Pasta *fusilli*
geriebener Pecorino zum Servieren

Das Kaninchenfleisch vom Knochen lösen und in kleine Stücke schneiden (oder den Metzger darum bitten).

Kaninchenfleisch, Olivenöl, Rosmarin und Weißwein in einem großen Topf vermengen und mit Salz und Pfeffer würzen. Bei mittlerer Hitze 12–15 Minuten braten, bis die Flüssigkeit aufgesogen ist. Die Temperatur erhöhen und Gemüse und Orangensaft unterrühren. Die Temperatur wieder reduzieren, einen Deckel auflegen und 6 Minuten schmoren, bis der Orangensaft eingekocht ist. 4 EL heißes Wasser zugießen, den Deckel wieder auflegen und bei niedriger Hitze weitere 10–12 Minuten garen, bis das Gemüse weich ist.

Inzwischen Wasser mit Salz in einem großen Topf zum Kochen bringen und die *fusilli* darin *al dente* garen.

Die Pasta abseihen und bei hoher Hitze 1 Minute gründlich unter die Sauce mengen. Vom Herd nehmen, mit Orangenzesten und Pecorino bestreuen und servieren.

GEFÜLLTE PASTA

Gefüllte wie ungefüllte Pasta gibt es bereits seit sehr, sehr langer Zeit. Die gefüllte Pasta spielt in der italienischen Gastronomie eine wichtige Rolle, besonders in Nord- und Mittelitalien, wo sie traditionell an Sonn- oder Feiertagen zubereitet wird.

Das Grundprinzip ist immer gleich: Hauchdünner Pastateig wird in Quadrate oder Kreise geschnitten, mit Fleisch, Gemüse, Fisch oder Käse gefüllt und dann zu einem Päckchen verschlossen. Es gibt unzählige Formen und Füllungen, die natürlich mit unterschiedlichsten Saucen kombiniert werden. Dabei hat jede Region, jede Stadt und jedes Dorf ganz eigene Spezialitäten. Ja, sogar jede Familie hat ihre Lieblingspasta!

In Bologna werden mit *prosciutto* gefüllte *tortellini* traditionell in leichter Brühe serviert. In den Städten Parma und Piacenza sind die halbmondförmigen, mit Fleisch gefüllten *agnolini* beliebt, die in Brühe oder mit Sauce auf den Tisch kommen. Typisch für die Region Piemont sind mit verschiedenem Fleisch und Gemüse gefüllte *agnolotti*. In Ligurien kennt man mit einheimischem Blattgemüse und Käse gefüllte *pansotti* und in Bergamo in der Lombardei isst man fleischhaltige *casoncelli*. *Tortelli* mit Kürbis sind eine Spezialität aus Cremona. In Sardinien füllt man *culurzones* mit Kartoffelbrei, Käse und Minze; in den frittierten *seadas* versteckt sich hingegen eine süße Füllung.

In diesem Kapitel stelle ich Ihnen einige meiner Lieblingspastasorten mit Füllung vor. Probieren Sie selbst Formen und Füllungen aus und lassen Sie sich eigene Varianten einfallen – gebratene Fleisch- und Gemüsereste eignen sich perfekt als Füllung. Für die Zubereitung benötigen Sie ein wenig Zeit, Geduld und Liebe. Sie können auch die doppelte Menge vorbereiten und dann einen Teil einfrieren, um sie später zu essen – zum Kochen müssen Sie sie nicht extra auftauen, sondern einfach nur ins kochende Wasser legen. Servieren Sie sie mit einer schnellen Butter-Salbei-Sauce und schon haben Sie im Nu eine gute, hausgemachte Mahlzeit.

MARUBINI AL BRODO DI TRE CARNI DELLA MAMMA DI PAOLO

Marubini in Dreierlei-Fleisch-Brühe

Dieses Rezept stammt von meinem Freund Paolo aus Cremona in Norditalien, wo diese köstlichen, mit Fleisch gefüllten Teigtäschchen ursprünglich herkommen. Dort werden sie meist als Weihnachtsmittagessen oder für andere besondere Gelegenheiten zubereitet. Sie brauchen relativ große Mengen, da Sie erstens eine gewisse Menge Fleisch allein für die Brühe benötigen und das Fleisch zudem auch für die Füllung der *marubini* verwendet wird, und es sich zweitens um ein Festtagsgericht handelt. Sollten trotzdem nicht ganz so viele Personen an Ihrem Tisch sitzen, können Sie einige *marubini* für später einfrieren. Wer will, kann sie auch *all'asciuto* (ohne Brühe) essen und stattdessen in Butter-Salbei-Sauce servieren (siehe S. 166). Die Brühe können Sie für eine Suppe aufbewahren. Ich widme dieses Rezept Paolos verstorbener Mama, die dieses Gericht für ihre Familie kochte und das Rezept an ihren Sohn weitergab, sodass auch ich es kennenlernen durfte.

Für die *Brodo di Tre Carni*:

Ergibt ca. 2,5 Liter

400 g Kronfleisch oder Rinderbrust

1 Schweinekotelett mit Knochen (ca. 250 g)

1 Hähnchenschenkel (ca. 250 g)

1 große Zwiebel, geviertelt

2 Stangen Staudensellerie mit Blättern, halbiert

2 Karotten, geputzt

1 Handvoll Petersilienblätter

2,5 l Brühe (Hühner- oder Rinderbrühe oder gemischt)

Alle Zutaten für die *Brodo di Tre Carni* in einen sehr großen, schweren Topf geben und zum Kochen bringen. Das Fett abschöpfen und einen Deckel auflegen. Die Temperatur reduzieren und 2 Stunden leise köcheln lassen, bis das Fleisch durchgegart ist.

Das Fleisch herausnehmen und für die Füllung der *marubini* (siehe S. 115) beiseitestellen. Die Brühe durch ein feines Sieb abseihen. Für die *marubini* oder für Pastinasuppe (siehe S. 27) verwenden.

Bei nicht sofortiger Verwendung komplett abkühlen lassen und in einen luftdichten Behälter füllen. Die Brühe ist im Kühlschrank bis zu 3 Tage und im Tiefkühler bis zu 3 Monate haltbar.

Für die *marubini*:

Für 10–12 Personen (ergibt ca. 120 *marubini*)

2 Portionen Pastateig mit Ei (siehe S. 79)

italienisches Pastamehl »Type 00« zum Bestäuben

1 Ei, verquirlt

feiner Hartweizengrieß zum Bestreuen

Für die Füllung:

gekochtes Rinder-, Schweine- und Hähnchenfleisch von *Brodo di Tre Carni* (siehe S. 112)

1 EL natives Olivenöl extra

1–2 EL Butter

1 Bananenschalotte, fein gehackt

2 Lorbeerblätter

Blättchen von 2 Thymianzweigen

100 ml Weißwein

40 g Salami

40 g Mortadella

1 Ei

50 g Parmesan, gerieben, plus etwas mehr zum Servieren

Meersalz und schwarzer Pfeffer aus der Mühle

Das für die Brühe gekochte Fleisch für die Füllung leicht abkühlen lassen und vom Knochen lösen. Knochen und Hähnchenhaut entsorgen. Das Fleisch grob hacken und beiseitestellen.

Olivenöl und Butter in einer Pfanne bei mittlerer Hitze zerlassen und Schalotte und Lorbeerblätter darin 2 Minuten anschwitzen, bis die Schalotte weich ist. Fleisch und Thymianblättchen zugeben, Temperatur erhöhen und unter Rühren 2 Minuten braten. Den Weißwein zugießen und einkochen lassen. Dann auf mittlere Temperatur reduzieren und weitere 3 Minuten garen. Vom Herd nehmen und abkühlen lassen.

Die Mischung mit Salami und Mortadella in den Mixer geben und fein pürieren. Ei, Parmesan, Salz und Pfeffer zufügen und erneut pürieren. Dann beiseitestellen.

Da Pastateig schnell austrocknet, den nächsten Schritt portionsweise durchführen und immer nur ein wenig Teig aus dem Kühlschrank nehmen.

Nacheinander kleine Stücke Pastateig auf einer leicht bemehlten Arbeitsfläche hauchdünn ausrollen (oder auf kleinster Stufe der Pastamaschine, also ca. 2 mm). Teigkreise (5 cm ø) ausstechen und mit Ei bestreichen. In die Mitte eines jeden Kreises einen kleinen Klecks Füllung setzen. Dann zu Halbmonden zusammenklappen und an den Rändern festdrücken. Die gefüllten marubini auf ein mit etwas Hartweizengrieß bestreutes Tablett legen.

Die Brühe in einem großen Topf erneut zum Kochen bringen und die *marubini* 5–6 Minuten garen. Vom Herd nehmen und auf Servierschüsseln verteilen. Mit Parmesan bestreuen und servieren.

CASONCELLI CON CARNE MACINATA

Casoncelli mit Hackfleischfüllung

Diese gefüllte Pasta kommt aus der Lombardei im Norden Italiens. Wie viele italienische Rezepte stammt auch dieses Gericht aus der heimischen Küche, wo es wohl zur Fleischresteverwertung erfunden wurde. In der Lombardei gibt es zahlreiche Versionen, wobei manche Füllung eher süß ist und Rosinen und knusprige *amaretti* enthält. Mir schmeckt diese einfache Variante mit gemischtem Hackfleisch, Mortadella und geriebenem Parmesan sehr gut. Natürlich können Sie auch anderes Fleisch, Wurstbrät, Salami oder Bratenreste verwenden. Bei vielen norditalienischen Familien kommt dieses Gericht häufig zum sonntäglichen Mittagessen mit einer üppigen Butter-Salbei-Sauce und reichlich geriebenem Parmesan auf den Tisch.

Für 4–6 Personen (ergibt ca. 35 *casoncelli*)

1 Portion Pastateig mit Ei (siehe S. 79)

italienisches Pastamehl »Type 00« zum Bestäuben

1 Ei, verquirlt

Meersalz

1 Portion Butter-Salbei-Sauce (siehe S. 166)

geriebener Parmesan zum Servieren

Für die Füllung:

1 EL natives Olivenöl extra

1 kleine Zwiebel, fein gehackt

100 g Rinderhackfleisch

100 g Schweinehackfleisch

Nadeln von 1 Rosmarinzweig, frisch gehackt

100 g Mortadella, fein gehackt

100 g Parmesan, gerieben

50 g Semmelbrösel

1 Ei, verquirlt

Meersalz und schwarzer Pfeffer aus der Mühle

Für die Füllung das Olivenöl in einer Pfanne bei hoher Hitze heiß werden lassen und die Zwiebel darin 2 Minuten anschwitzen, bis sie weich ist. Hackfleisch und Rosmarin zufügen und unter Rühren rundum anbraten. Die Temperatur reduzieren und 15 Minuten garen.

Vom Herd nehmen und leicht abkühlen lassen. Dann Mortadella, Parmesan, Semmelbrösel, Ei, Salz und Pfeffer zugeben und alles gründlich vermengen (am besten mit den Händen).

Den Pastateig auf einer leicht bemehlten Arbeitsfläche hauchdünn ausrollen (oder bis zur niedrigsten Stufe der Pastamaschine). In 7 cm große Quadrate schneiden und mit verquirltem Ei bestreichen. In die Mitte eines jeden Quadrats einen kleinen Klecks Füllung setzen. Dann zu Dreiecken zusammenklappen und an den Rändern festdrücken. Die zwei Ecken an der langen Seite des Dreiecks zusammenführen und fest aneinanderdrücken.

Wasser mit Salz in einem großen Topf zum Kochen bringen und die *casoncelli* 8 Minuten garen. Abseihen und mit Butter-Salbei-Sauce und frisch geriebenem Parmesan servieren.

RAVIOLI AL PESCE SERVITI CON SALSA DI POMODORINI FRESCHI

Doradenravioli mit Kapern und Zitronenschale in Kirschtomatensauce

Die feine Dorade passt gut zur kräftigen Tomatensauce – ein klassisch mediterranes Gericht. Sie können auch einen anderen weißfleischigen Fisch wie Seehecht, Kabeljau oder Wolfsbarsch (filetiert und entgrätet) verwenden. Ein ideales Sommergericht, zu dem Sie am besten noch ein Glas kalten *Greco di Tufo* servieren.

Für 4–6 Personen (ergibt ca. 24 runde Ravioli)

1 Portion Pastateig ohne Ei (siehe S. 79)

italienisches Pastamehl »Type 00« zum Bestäuben

1 Ei, verquirlt

Meersalz

Für die Füllung:

1 EL natives Olivenöl extra

1 ganze Knoblauchzehe

2 Sardellenfilets

200 g Doradenfilet

1 TL Kapern

1 EL frisch gehackte Petersilie

1 TL Abrieb von 1 Bio-Zitrone

Für die Sauce:

3 EL natives Olivenöl extra

2 ganze Knoblauchzehen

3 Sardellenfilets

2 TL Kapern

40 g entsteinte grüne oder schwarze Oliven, grob gehackt

400 g Kirschtomaten, geviertelt

1 Handvoll Petersilienblätter, frisch gehackt

Für die Füllung das Olivenöl bei mittlerer Hitze in einem Topf heiß werden lassen und Knoblauch und Sardellenfilets darin anschwitzen, bis die Sardellen zerfallen. Dorade, Kapern und 1 EL Wasser zufügen, einen Deckel auflegen und 5 Minuten sautieren, bis der Fisch durchgegart ist. Vom Herd nehmen, den Knoblauch entfernen und den Fisch leicht abkühlen lassen. Die Mischung auf ein Schneidebrett legen, die Fischfilets zerpflücken und die Kapern fein hacken (oder die Mischung im Mixer per Pulse-Funktion zerkleinern). Dann mit Petersilie und Zitronenabrieb vermengen.

Den Pastateig auf einer leicht bemehlten Arbeitsfläche hauchdünn ausrollen (oder bis zur niedrigsten Stufe der Pastamaschine). Mit einem Teigausstecher (6,5 cm ø) Kreise ausstechen und mit verquirltem Ei bestreichen. Etwas Füllung auf die Hälfte der Teigkreise setzen, die restlichen Kreise obenauf legen. Die Teigränder fest mit den Fingern zusammendrücken, damit die Füllung nicht herausquillt.

Für die Sauce das Olivenöl bei mittlerer Hitze in einem Topf heiß werden lassen und Knoblauch und Sardellenfilets darin anschwitzen, bis die Sardellen zerfallen. Knoblauch entfernen, Kapern und Oliven zufügen und 1 Minute sautieren. Kirschtomaten und etwas Petersilie zugeben, einen Deckel auflegen und bei mittlerer bis hoher Hitze 2 Minuten schmoren. Temperatur reduzieren und weitere 5 Minuten garen.

Inzwischen Wasser mit Salz in einem großen Topf zum Kochen bringen und die Ravioli 7 Minuten garen. Abseihen, mit der restlichen Petersilie bestreuen und mit der Tomatensauce servieren.

CARAMELLE CON VERDURE DI PRIMAVERA

Caramelle mit Frühlingsgemüse

Gibt es einen besseren Weg, um den Frühlingsbeginn und das süße, saftige Gemüse zu feiern, als diese herrliche gefüllte Pasta? Lassen Sie sich beim Einwickeln der gesunden, grün gefüllten *caramelle* (Bonbons) von Ihren Kindern helfen!

Für 4–6 Personen (ergibt ca. 30 *caramelle*)

1 Portion Pastateig mit Ei (siehe S. 79)

italienisches Pastamehl »Type 00« zum Bestäuben

1 Ei, verquirlt

Meersalz

1 Portion Einfache Tomatensauce (siehe S. 162)

gehobelter Parmesan zum Servieren

Für die Füllung:

100 g frische oder TK-Erbsen

1 EL natives Olivenöl extra

1 kleine Bananenschalotte, fein gehackt

60 g Spargelspitzen, fein gehackt

85 g Zucchini, fein gehackt

12 Basilikumblätter, frisch gehackt

60 g Ricotta

10 g Parmesan, gerieben

Für die Füllung die frischen Erbsen (bei TK-Erbsen entfällt dieser Schritt) 4 Minuten in kochendem Wasser garen. Dann abseihen und beiseitestellen.

Das Olivenöl in einem Topf bei mittlerer Hitze heiß werden lassen und die Schalotte darin 2 Minuten anschwitzen. Erbsen, Spargel, Zucchini und einige gehackte Basilikumblätter zufügen und unter Rühren 1 Minute braten. 2 EL Wasser zugeben und weitere 10 Minuten garen, bis das Gemüse weich ist. Vom Herd nehmen und leicht abkühlen lassen. Dann restliches Basilikum, Ricotta und Parmesan gründlich untermengen.

Den Pastateig auf einer leicht bemehlten Arbeitsfläche hauchdünn ausrollen (oder bis zur niedrigsten Stufe der Pastamaschine). Zu Rechtecken (7 cm x 4 cm) schneiden und mit verquirltem Ei bestreichen. Etwas Füllung in die Mitte entlang der Längsseite der Rechtecke platzieren und diese wie Bonbonpapier zusammenrollen. Dabei an beiden Enden gut festdrücken, damit die Füllung nicht herausquillt.

Die *caramelle* in reichlich Wasser mit Salz 9 Minuten kochen. Dann abseihen und mit der Tomatensauce vermengen. Mit Parmesanspänen garnieren und sofort servieren.

PIATTO UNICO DI CAPO D'ANNO

Cotechino Cappellacci auf Linsen

Die üppige Schweinswurst *cotechino* wird in Italien traditionell an Silvester mit Linsen serviert. Sie eignet sich aber auch wunderbar als Füllung für diese köstliche Pasta *cappellacci*. Wie der Name schon sagt, sind *cappellacci* wie kleine Hüte geformt. Mein Rezepttitel lautet »Silvester-Hauptgang«, da es alle an diesem Tag servierten Speisen in sich vereint. Das ideale Gericht für diese Jahreszeit!

Für 4–6 Personen (ergibt ca. 48 *cappellacci*)

1 Portion Pastateig mit Ei (siehe S. 79)

Weizenmehl zum Bestäuben

1 Ei, verquirlt

Meersalz

2 EL natives Olivenöl extra, plus etwas mehr zum Servieren

1 Rosmarinzweig

2 Salbeiblätter

geriebener Parmesan zum Servieren

Für die Füllung:

250 g gegarte, vakuumverpackte *cotechino* (Wurst)

1 Kartoffel, geschält und in Stücke geschnitten

75 g Ricotta

20 g Parmesan, gerieben

Für die Linsen:

200 g kleine grüne oder braune Linsen

1 Lorbeerblatt

1 ganze Knoblauchzehe

1 kleine Karotte, gehackt

1 Bananenschalotte, fein gehackt

1 EL natives Olivenöl extra

1 l Gemüsebrühe

Meersalz und schwarzer Pfeffer aus der Mühle

Für die Füllung die verpackte *cotechino* in einen Topf legen und mit kaltem Wasser bedecken. Zum Kochen bringen und ca. 20 Minuten köcheln lassen. Abseihen, dann vorsichtig öffnen, Flüssigkeit abgießen und die Wurst in eine große Schüssel legen.

Inzwischen die Kartoffel in kochendem Wasser weich garen. Abseihen und mit der *cotechino* vermengen. Ricotta und Parmesan zugeben und mit einer Gabel gründlich zu einer fast glatten Paste verrühren. Beiseitestellen.

Alle Zutaten für die Linsen in einem großen Topf zum Kochen bringen. 20–30 Minuten leise köcheln lassen, bis die Linsen weich sind (nach Packungsanweisung). Abschmecken, beiseitestellen und warm halten.

Den Pastateig auf einer bemehlten Arbeitsfläche 5 mm dick ausrollen und in Quadrate (6,5 cm) schneiden. Jedes Quadrat mit verquirltem Ei bestreichen und jeweils 1 gehäuften TL *cotechino*-Mischung darauf platzieren. Die Teigquadrate zu einem Dreieck zusammenklappen und an den Rändern festdrücken. Die zwei Ecken an der langen Seite des Dreiecks zusammenführen und fest aneinanderdrücken, sodass ein kleiner Hut entsteht.

Wasser mit Salz in einem großen Topf zum Kochen bringen und die *cappellacci* 3–4 Minuten garen.

Inzwischen Olivenöl mit Rosmarin und Salbei in einer großen Pfanne bei mittlerer Hitze heiß werden lassen. Die Linsen zugeben, die *cappellacci* mit einem Schaumlöffel obenauf legen und 1 Minute erhitzen. Mit Parmesan und Olivenöl verfeinern und sofort servieren.

PANSOTTI LIGURI CON SALSA ALLE NOCI

Ligurische Mangold-Pansotti in Walnusssauce

Diese Päckchen aus Pasta ohne Ei sind eine ligurische Spezialität. Die Füllung wird dort meist aus heimischem Blattgemüse namens *preboggion* gemacht, das wild entlang der Küste wächst. Sie können aber auch Mangold, Spinat oder Borretsch verwenden. Der Ursprung dieses Rezepts ist ungewiss, doch es soll früher wohl vor allem zur Fastenzeit zubereitet worden sein. *Pansotti* bedeutet im ligurischen Dialekt so viel wie »Bauch«, da die Teigtäschchen prall gefüllt an große Bäuche erinnern. Und die köstliche Walnusssauce sorgt für Biss. In meinem Bauch sind diese *pansotti* jederzeit willkommen!

Für 4 Personen (ergibt ca. 24 *pansotti*)

1 Portion Pastateig ohne Ei (siehe S. 79)
italienisches Pastamehl »Type 00« zum Bestäuben
1 Ei, verquirlt
Meersalz

Für die Füllung:

400 g (bunter) Mangold
2 EL natives Olivenöl extra
2 ganze Knoblauchzehen
Meersalz
100 g Ricotta
40 g Parmesan, gerieben
einige Thymianblättchen
1 Ei, verquirlt
schwarzer Pfeffer aus der Mühle

Für die Walnusssauce:

20 g Brot
5 EL Milch
85 g Walnusskernhälften
1 Knoblauchzehe
einige Thymianblättchen
10 g Pinienkerne
20 g Parmesan, gerieben

Für die Füllung den Mangold waschen und die Stiele entfernen (für ein anderes Rezept verwenden). Die Blätter grob hacken und beiseitestellen.

Das Olivenöl bei mittlerer Hitze in einer großen Pfanne heiß werden lassen und den Knoblauch darin 1 Minute anschwitzen. Mangold und etwas Salz zufügen und die Temperatur reduzieren. Einen Deckel auflegen und 5 Minuten schmoren. Vom Herd nehmen und den Knoblauch entfernen. Den Mangold abseihen und überschüssige Flüssigkeit ausdrücken – am besten mit den Händen. Mangold, Ricotta, Parmesan, Thymianblättchen, verquirltes Ei und etwas schwarzen Pfeffer in einer großen Schüssel vermengen.

Den Pastateig auf einer leicht bemehlten Arbeitsfläche hauchdünn ausrollen (oder bis zur niedrigsten Stufe der Pastamaschine). Den Teig in Quadrate (7 cm) schneiden und mit verquirltem Ei bestreichen. In der Mitte jeweils ein wenig Füllung platzieren, die Quadrate zu Dreiecken klappen und an den Rändern fest zusammenpressen.

Wasser mit Salz in einem großen Topf zum Kochen bringen und die *pansotti* 4 Minuten garen.

Für die Sauce das Brot 1 Minute in der Milch einweichen. Dann alle Zutaten im Mixer zu einer glatten Sauce verarbeiten.

Die *pansotti* mit einem Schaumlöffel aus dem Wasser heben und zur Walnusssauce geben. Bei Bedarf etwas heißes Pastakochwasser untermischen. Kurz durcherhitzen und sofort servieren.

CULURZONES

Sardische Culurzones mit Kartoffel, Pecorino und Minze

Diese traditionelle Pasta aus Sardinien wird auch *culurgiones* oder *culinjonis* genannt und kann unterschiedlich gefüllt werden – doch die Form, die an eine Weizenähre erinnert, bleibt immer gleich. Beim ersten Mal ist die Zubereitung nicht ganz einfach, aber mit ein wenig Übung wird es Ihnen schon bald gelingen. Früher wurden sie besonders zur Feier der Weizenernte gegessen, was auch die typische Form erklärt. Vermutlich wurden sie auch zum Totentag am 2. November zubereitet, um den Tod abzuwehren. Ich esse sie jederzeit, denn sie schmecken so köstlich, dass man gar nicht mehr aufhören kann!

Für 4 Personen (ergibt ca. 36 *culurzones*)

1 Portion Pastateig mit Ei (siehe S. 79)

italienisches Pastamehl »Type 00« zum Bestäuben

Meersalz

1 Portion Einfache Tomatensauce (siehe S. 162)

geriebener Pecorino zum Servieren

Für die Füllung:

500 g Kartoffeln, geschält und in Stücke geschnitten

1 Spritzer natives Olivenöl extra

1 Zwiebel, sehr fein gehackt

70 g Pecorino, gerieben

10 Minzeblätter, frisch gehackt

Meersalz und schwarzer Pfeffer aus der Mühle

Für die Füllung die Kartoffeln in siedendem Wasser gar kochen.

Inzwischen das Olivenöl in einer kleinen Pfanne bei niedriger bis mittlerer Hitze heiß werden lassen und die Zwiebel darin bei geschlossenem Deckel 10 Minuten anschwitzen, bis sie weich ist.

Die Kartoffeln abseihen und einige Minuten ausdampfen lassen, anschließend stampfen (ich presse sie auch gerne) und gründlich mit Zwiebel, Pecorino und Minze vermengen. Mit Salz und Pfeffer abschmecken und beiseitestellen.

Den Pastateig auf einer leicht bemehlten Arbeitsfläche hauchdünn ausrollen (oder bis zur niedrigsten Stufe der Pastamaschine). Teigkreise (10 cm ø) ausstechen. Jeweils einen ordentlichen Klecks Füllung (etwa walnussgroß) in der Mitte platzieren und die Ränder mit etwas Wasser bestreichen. Nacheinander die Teigkreise in die Hand nehmen und eine Teighälfte vorsichtig einklappen. Von rechts ein Stückchen Teig zur Falte zusammendrücken und anschließend von links wiederholen, sodass die Form einer Ähre gleicht. Oben fest zusammendrücken und versiegeln.

Wasser mit Salz in einem großen Topf zum Kochen bringen und die *culurzones* 3–4 Minuten garen.

Inzwischen die Tomatensauce in einer großen Pfanne erhitzen.
Die *culurzones* mit einem Schaumlöffel oder einem Spaghettiheber herausnehmen und in die Tomatensauce legen. Nur leicht mit Sauce bedecken, damit sie nicht beschädigt werden. Mit Pecorino bestreuen und sofort servieren.

TORTELLONI CON FUNGHI E NOCI CON SALSA AL GUANCIALE

Pilz-Walnuss-Tortelloni mit Guanciale-Sauce

Diese *tortelloni*, eine größere Version der *tortellini*, sind mit einer Kombination aus Pilzen und knackigen Walnüssen gefüllt. Sie werden in einer Tomatensauce mit *guanciale* serviert – ein herrliches Herbstgericht. *Guanciale* sind geräucherte Schweinebäckchen, die der Sauce ein wunderbares Aroma verleihen. Erhältlich ist diese Spezialität im italienischen Feinkosthandel. Oder Sie nehmen geräucherten Pancetta.

Für 4 Personen (ergibt ca. 24 *tortelloni*)

1 Portion Pastateig mit Ei (siehe S. 79)

italienisches Pastamehl »Type 00« zum Bestäuben

1 Ei, verquirlt

Meersalz

geriebener Parmesan zum Servieren

Für die Füllung:

2 EL natives Olivenöl extra

1 kleine Bananenschalotte, fein gehackt

350 g braune Champignons, sehr fein gehackt

Meersalz und schwarzer Pfeffer aus der Mühle

50 g Walnusskerne, sehr fein gehackt

1 Kartoffel, geschält, gekocht und zerdrückt

40 g Parmesan, gerieben

Für die Sauce:

2 EL natives Olivenöl extra

150 g *guanciale* (geräucherte Schweinebäckchen), fein gewürfelt

1 kleine Zwiebel, fein gehackt

400 g stückige Tomaten (aus der Dose)

Meersalz und schwarzer Pfeffer aus der Mühle

Für die Füllung das Olivenöl bei mittlerer Hitze in einer Pfanne heiß werden lassen und die Schalotte darin 2 Minuten anschwitzen. Temperatur erhöhen, die Pilze zufügen und unter Rühren 2 Minuten sautieren. Auf mittlere Temperatur reduzieren, salzen und pfeffern und weitere 10 Minuten braten, bis die Pilze gar sind. Bei Bedarf überschüssige Flüssigkeit wegschütten, dann Walnüsse und Kartoffel zugeben und 1 weitere Minute garen. Vom Herd nehmen und den Parmesan unterrühren. Abschmecken und beiseitestellen.

Für die Sauce das Olivenöl in einem Topf bei mittlerer bis hoher Hitze heiß werden lassen und die *guanciale* darin unter Rühren 2 Minuten goldbraun braten. Die Temperatur reduzieren, Zwiebel zufügen und 2 Minuten mitgaren. Die Tomaten unterrühren, einen Deckel auflegen und bei mittlerer Hitze 25 Minuten schmoren. Mit Salz und Pfeffer würzen und warm halten.

Inzwischen den Pastateig auf einer bemehlten Arbeitsfläche hauchdünn ausrollen (oder bis zur niedrigsten Stufe der Pastamaschine). Den Teig in Quadrate (8 cm) schneiden und mit verquirltem Ei bestreichen. Jeweils 1 TL Füllung in der Mitte platzieren, die Quadrate zu Dreiecken klappen und an den Rändern fest zusammenpressen. Die zwei Ecken der langen Seite zusammenführen und fest aneinanderdrücken.

Wasser mit Salz in einem großen Topf zum Kochen bringen und die *tortelloni* 3 Minuten garen. Mit einem Schaumlöffel herausheben, mit der *guanciale*-Sauce vermengen und mit geriebenem Parmesan bestreut servieren.

BAULETTI DI BROCCOLI E SALSICCIA

Brokkoli-Wurst-Täschchen in Tomatensauce

In der süditalienischen Region Kampanien wird gerne Wurst mit Brokkoli gegessen – dieses Gericht esse ich immer sehr gerne, wenn ich dort bin! Ich habe recht schlichte Zutaten zu einer Pastafüllung kombiniert. Der Teig ist ohne Ei, da dies im Süden gebräuchlicher ist (*bauletti* heißt »Schatzkästlein«). Die Pastatäschchen werden mit einer leichten Tomatensauce serviert und ergeben ein köstlich-gesundes Essen für die ganze Familie.

Für 4 Personen (ergibt ca. 24 *bauletti*)

1 Portion Pastateig ohne Ei (siehe S. 79)
italienisches Pastamehl »Type 00« zum Bestäuben
1 Ei, verquirlt
Meersalz

Für die Füllung:

150 g Brokkoliröschen
2 EL natives Olivenöl extra
2 Knoblauchzehen
½ rote Chilischote
150 g italienische Schweinswürste, gehäutet und zerbröckelt

Für die Sauce:

400 g Eiertomaten (aus der Dose), abgeseiht (Saft zur späteren Verwendung aufbewahren)
2 EL natives Olivenöl extra
2 Knoblauchzehen, in dünne Scheiben geschnitten
Meersalz

Für die Füllung die Brokkoliröschen in kochendem Wasser 5 Minuten garen, bis sie zart, aber nicht zu weich sind.

Inzwischen das Olivenöl bei mittlerer Hitze in einer Pfanne heiß werden lassen und Knoblauch und Chili darin 1 Minute anschwitzen. Wurstbrät zufügen und unter Rühren 2 Minuten braten, bis es rundum angebräunt ist.

Die Brokkoliröschen abseihen, aber 1 EL Kochwasser aufbewahren. Beides in die Pfanne geben. Einen Deckel auflegen und bei mittlerer Hitze 7 Minuten garen. Vom Herd nehmen, den Knoblauch entfernen und die Mischung kurz abkühlen lassen. Dann vermengen und beiseitestellen.

Den Pastateig auf einer leicht bemehlten Arbeitsfläche hauchdünn ausrollen (oder bis zur niedrigsten Stufe der Pastamaschine). Den Teig in Quadrate (8 cm) schneiden und mit verquirltem Ei bestreichen. Etwas Füllung in der Mitte platzieren, dann die Ecken des Quadrats zur Mitte hin einklappen, sodass Täschchen entstehen. Ecken und Ränder fest zusammendrücken, damit keine Füllung austritt.

Für die Sauce die Eiertomaten längs halbieren. Das Olivenöl in einem kleinen Topf bei mittlerer Hitze heiß werden lassen und den Knoblauch darin 1 Minute anschwitzen. Die Tomaten zufügen, salzen und 3–4 Minuten leise köcheln lassen.

Die *bauletti* 6–7 Minuten in reichlich kochendem Wasser mit Salz garen. Dann abseihen und mit der Tomatensauce servieren.

MEZZELUNE CON ZUCCA E TALEGGIO

Mezzelune mit Butternusskürbis und Taleggio

Dies ist meine Version der *tortelli di zucca*, die im Herbst, wenn es überall Kürbisse gibt, in Norditalien so beliebt sind. Statt des üblichen Ricottas habe ich Taleggio, den hocharomatischen, weichen Käse aus der Lombardei, verwendet, der dem Butternusskürbis einen intensiven Geschmack verleiht. Die Mandelblättchen machen das Gericht schön knusprig.

Für 4–6 Personen (ergibt ca. 60 *mezzelune*)

1 Portion Pastateig mit Ei (siehe S. 79)

italienisches Pastamehl »Type 00« zum Bestäuben

1 Ei, verquirlt

Meersalz

1 Portion Butter-Salbei-Sauce (siehe S. 166)

1 EL leicht geröstete Mandelblättchen zum Servieren

Für die Füllung:

1 EL natives Olivenöl extra

60 g Pancetta, fein gehackt

1 kleine Bananenschalotte, fein gehackt

Nadeln von 1 Rosmarinzweig, frisch gehackt

250 g Butternusskürbis (Nettogewicht), klein gewürfelt

50 g Taleggio-Käse, gewürfelt

1 EL Semmelbrösel

1 EL Mandelblättchen, fein gehackt

Meersalz und schwarzer Pfeffer aus der Mühle

Für die Füllung das Olivenöl bei mittlerer Hitze in einer Pfanne heiß werden lassen und den Pancetta darin unter Rühren 2 Minuten braten. Schalotte und Rosmarin zufügen und 3 Minuten anschwitzen. Den Butternusskürbis unterrühren, 2 EL Wasser zugießen, einen Deckel auflegen und 12–15 Minuten schmoren, bis der Kürbis weich ist. Vom Herd nehmen und mit dem Kartoffelstampfer oder einer Gabel zu einem Brei zerdrücken. Taleggio, Semmelbrösel, Mandelblättchen, Salz und Pfeffer unterrühren. Falls die Mischung zu feucht ist, noch etwas mehr Semmelbrösel zufügen.

Den Pastateig auf einer leicht bemehlten Arbeitsfläche hauchdünn ausrollen (oder bis zur niedrigsten Stufe der Pastamaschine). Teigkreise (6 cm ø) ausstechen und mit Ei bestreichen. Jeweils einen kleinen Klecks Füllung in die Mitte setzen, den Teig zu Halbmonden klappen und die Ränder zusammenpressen.

Wasser mit Salz in einem großen Topf zum Kochen bringen und die *mezzelune* 5 Minuten garen.

Die *mezzelune* mit einem Schaumlöffel herausheben und vorsichtig in der Butter-Salbei-Sauce schwenken. Mit gerösteten Mandelblättchen bestreuen und sofort servieren.

GEBACKENE PASTA

Ich liebe Pasta aus dem Backofen. In meiner Kindheit gab es Pasta *al forno* zu besonderen Gelegenheiten immer aus dem Holzbackofen meines Großvaters. Während dem Norditaliener seine gefüllte Pasta heilig ist, schwört der Süditaliener auf gebackene Pasta. Weihnachten gab es bei uns eine festliche *lasagne* mit frischen Pastablättern, die meine Mutter zubereitete, dazu eine *ragù*-Sauce von meiner Tante Maria und Fleischbällchen, die meine Schwestern rollten. Es war ein so nahrhaftes Mahl, dass jeder lediglich ein kleines Stückchen bekam – es war schließlich nur die Vorspeise!

In gebackener Pasta lassen sich Reste bestens verwerten: Vermutlich ist dies sogar der Ursprung derartiger Gerichte. Käse- und Schinkenreste sowie vom Vortag übrige Tomatensauce sind die idealen Zutaten – vermischen Sie sie mit gekochter Pasta, füllen Sie das Ganze in eine feuerfeste Form und streuen Sie reichlich Parmesan oder Pecorino obendrauf. Dann ab in den heißen Backofen und schon bald haben Sie ein sättigendes Gericht mit minimalem Aufwand.

Auch hier gibt es regionale Ausprägungen. Die traditionelle *lasagne* mit Bolognese- und weißer Sauce, auch *lasagne Emiliane* genannt, stammt aus der Gegend um Bologna und ist inzwischen in aller Welt beliebt. Natürlich existieren zahlreiche Varianten, z. B. eine leichte Version mit Gemüse und Ricotta oder die *lasagne* mit Meeresfrüchten. *Cannelloni* sind ein weiterer Klassiker: Sie werden mit Hackfleisch oder Spinat und Ricotta gefüllt.

Auch *rigatoni*, *conchiglioni* (große Muscheln) und *paccheri* (große Röhren) sowie *fusilli*, die besonders gut zu Käsesaucen passen, werden gerne zum Backen verwendet.

Für die Rezepte in diesem Kapitel verwende ich getrocknete Pasta, darunter *lasagne*-Blätter und *cannelloni*, die nicht vorgekocht werden müssen. Ich nehme Pasta mit und ohne Ei. Sie können natürlich selbst frische Pastablätter (siehe S. 79) zubereiten. Doch diese müssen dann vor dem Backen blanchiert und mit Küchenpapier trocken getupft werden. Ich habe immer Päckchen mit getrockneten *lasagne*-Blättern und *cannelloni* im Haus, da diese beiden Formen in meiner Familie am beliebtesten sind – nicht nur zu besonderen Gelegenheiten, sondern oft auch unter der Woche.

LASAGNE DI CARNEVALE

Karneval-Lasagne

Diese typisch süditalienische *lasagne* wird meist zu besonderen Gelegenheiten zubereitet, wie z. B. zu *Carnevale* – der Woche vor Beginn der Fastenzeit, wenn in ganz Italien gefeiert wird. Zur Fastenzeit ist traditionell der Verzehr von Fleisch untersagt, weshalb es davor noch diese *lasagne* mit Fleisch-*ragù* und Wurst gibt. Vom *ragù* wird nur die Tomatensauce für die *lasagne* verwendet, das Rindfleisch kann man als zweiten Gang mit grünem Salat servieren.

Für 6 Personen

250 g italienische Schweinswurst
1 Spritzer natives Olivenöl extra
350 g Ricotta
2 Eier
150 g Parmesan, gerieben
Meersalz und schwarzer Pfeffer aus der Mühle
12 *lasagne*-Blätter
250 g Mozzarella, grob gehackt

Für das *ragù*:

3 EL natives Olivenöl extra
1 Zwiebel, fein gehackt
2 Lorbeerblätter
750 g Rinderbrust, in große Stücke geschnitten
5 EL Rotwein
1 EL Tomatenmark, mit etwas warmem Wasser angerührt
1,2 kg stückige Eiertomaten (aus der Dose)
1 Handvoll Basilikumblätter
20 g Parmesan, gerieben
Meersalz und schwarzer Pfeffer aus der Mühle

Für das *ragù* das Olivenöl in einem großen Topf bei mittlerer Hitze heiß werden lassen und Zwiebel und Lorbeerblätter darin 3 Minuten anschwitzen. Das Rindfleisch zufügen und rundum gut anbraten. Die Temperatur erhöhen, den Wein zugießen und einkochen lassen. Tomatenmarkmischung, stückige Tomaten, Basilikum, Parmesan, Salz und Pfeffer einrühren und alles zum Kochen bringen. Dann die Temperatur reduzieren und abgedeckt mindestens 2 Stunden leise köcheln lassen, bis das Fleisch gar und die Sauce eingedickt ist. Dabei gelegentlich mit einem Holzkochlöffel umrühren und bei Bedarf ein wenig heißes Wasser zugießen.

Das Rindfleisch herausnehmen und für den zweiten Gang beiseitestellen.

Den Backofen auf 180 °C (Umluft)/200 °C (Ober-/Unterhitze) vorheizen.

Die Schweinswurst mit 1 Spritzer Olivenöl bei mittlerer Hitze 15 Minuten in einer Pfanne gar braten, dann herausnehmen, in Scheiben schneiden und beiseitestellen.

Ricotta, Eier, die Hälfte des Parmesans, Salz und Pfeffer in einer großen Schüssel zu einer Paste vermengen.

Eine Auflaufform (24 cm x 17 cm) mit etwas *ragù* füllen, mit einer Schicht *lasagne*-Blätter bedecken und eine Lage Ricottamischung auftragen, dann einige Wurstscheiben und ein paar Mozzarellastücke darüberstreuen und schließlich wieder *ragù* einfüllen. Mit den restlichen Zutaten so fortfahren, bis alle aufgebraucht sind. Mit einer Schicht *lasagne*-Blätter und *ragù* abschließen und mit Mozzarella und restlichem Parmesan bestreuen.

Mit Alufolie abdecken und für 20 Minuten in den heißen Ofen schieben. Dann die Alufolie abnehmen und weitere 20 Minuten backen, bis die *lasagne* goldbraun ist.

LASAGNE AI FRUTTI DI MARE

Meeresfrüchte-Lasagne

Wer Meeresfrüchte mag, wird von dieser *lasagne* begeistert sein: Für die Vorbereitung braucht es etwas Zeit und Planung, aber wenn alles so weit fertig ist, lässt sich die *lasagne* ganz einfach fertigstellen. Falls Sie keine frischen Meeresfrüchte bekommen oder nur wenig Zeit haben, kaufen Sie stattdessen einen 1-kg-Beutel mit geputzten, frischen Meeresfrüchten, die sie in etwas Olivenöl mit gehacktem Knoblauch und Petersilie zubereiten, bevor Sie die *lasagne* schließlich einschichten.

Für 8 Personen

10–12 getrocknete *lasagne*-Blätter ohne Ei

Für die Meeresfrüchtemischung:

300 g Oktopus (vom Fischhändler vorbereiten lassen)

300 g Calamari (vom Fischhändler vorbereiten lassen)

500 g frische Miesmuscheln, gewaschen, entbartet und offene Schalen weggeworfen

500 g frische Venusmuscheln, gewaschen und offene Schalen weggeworfen

1 Spritzer Weißwein

3 Knoblauchzehen: 1 ganz, 2 fein gehackt

3 EL natives Olivenöl extra

200 g Garnelen, küchenfertig

2 EL frisch gehackte Petersilie

Für die sautierten Tomaten:

2 EL natives Olivenöl extra

1 Knoblauchzehe, fein gehackt

250 g Kirschtomaten, halbiert

1 EL frisch gehackte Petersilie

Meersalz

Für die weiße Sauce:

700 ml heißer Fischfond

50 g Butter

50 g Weizenmehl

Für die Gratinmischung:

40 g Semmelbrösel

1 EL frisch gehackte Petersilie

Wasser in einem großen Topf zum Kochen bringen und den Oktopus 30–40 Minuten weich garen. Vom Herd nehmen und bis zur Verwendung im Wasser abkühlen lassen. Dann grob in kleine Stücke schneiden.

Die Calamari in einem anderen Topf in kochendem Wasser 20 Minuten weich garen. Abkühlen lassen und in kleine Stücke schneiden.

Mies- und Venusmuscheln mit etwas Weißwein und der ganzen Knoblauchzehe dicht abgedeckt in einem großen Topf bei mittlerer Hitze 3–5 Minuten garen, bis sich die Schalen geöffnet haben. Noch geschlossene Exemplare entsorgen. Vom Herd nehmen und kurz abkühlen lassen, dann das Muschelfleisch aus den Schalen lösen. Die Kochflüssigkeit durch ein feines Sieb abseihen und beiseitestellen.

Den Backofen auf 180 °C (Umluft)/200 °C (Ober-/Unterhitze) vorheizen.

Für die sautierten Tomaten das Olivenöl bei mittlerer bis hoher Hitze in einer Pfanne heiß werden lassen und den Knoblauch darin 1 Minute anschwitzen. Kirschtomaten, Petersilie und etwas Salz zufügen und 3 Minuten sautieren, bis die Tomaten weich sind, aber noch nicht zerfallen. Vom Herd nehmen und beiseitestellen.

Für die weiße Sauce den heißen Fischfond mit der Kochflüssigkeit der Mies- und Venusmuscheln vermengen. Die Butter in einem Topf zerlassen, dann vom Herd nehmen und das Mehl unterrühren. Etwas Fond zugießen und zu einer glatten Paste verarbeiten. Bei mittlerer Hitze wieder auf die Herdplatte stellen, nach und nach den restlichen Fond zugießen und verquirlen, bis die Sauce allmählich andickt. Vom Herd nehmen und beiseitestellen.

Für die Gratinmischung Semmelbrösel und Petersilie vermengen und beiseitestellen.

Für die Meeresfrüchtemischung das Olivenöl bei mittlerer Hitze in einer großen Pfanne heiß werden lassen und den gehackten Knoblauch darin 1 Minute anschwitzen. Oktopus, Calamari, Mies- und Venusmuscheln, Garnelen und Petersilie zufügen und bei hoher Hitze 3 Minuten sautieren. Aus der Pfanne nehmen und beiseitestellen.

Für die *lasagne* etwas weiße Sauce in eine Auflaufform füllen und mit einem Teil der sautierten Tomaten bedecken. Einige *lasagne*-Blätter obenauf legen und mit einer Schicht Meeresfrüchtemischung sowie sautierten Tomaten bedecken. Dann etwas Gratinmischung darüberstreuen und wieder mit der weißen Sauce beginnen. Mit den restlichen Zutaten so fortfahren, bis alle aufgebraucht sind. Mit einer Schicht weißer Sauce und Gratinmischung abschließen.

Mit Alufolie abdecken und für 25 Minuten in den heißen Ofen schieben. Die Folie abnehmen und die *lasagne* weitere 15 Minuten goldbraun backen. Herausnehmen, 5 Minuten durchziehen lassen und servieren.

LASAGNE CON ZUCCA

Butternusskürbis-Lasagne

Ein typisches Herbstgericht mit Butternusskürbis, der zu dieser Jahreszeit überall erhältlich ist. Dieses schnell gemachte Gericht ist die perfekte vegetarische Alternative zur traditionellen Bolognese-*lasagne*. Sie können nach Belieben den *dolcelatte* durch Fontina oder sogar einen reifen Cheddar ersetzen.

Für 4–6 Personen

3 EL natives Olivenöl extra

1 Stange Staudensellerie mit Blättern, in feine Stücke geschnitten

1 Stange Lauch (ca. 175 g), in feine Ringe geschnitten

1 Knoblauchzehe, fein gehackt

Nadeln von 2 Rosmarinzweigen, frisch gehackt

500 g Butternusskürbis (Nettogewicht), klein gewürfelt

Meersalz und schwarzer Pfeffer aus der Mühle

200 ml heiße Gemüsebrühe

10–12 getrocknete *lasagne*-Blätter

50 g *dolcelatte*-Käse (oder Gorgonzola), grob gehackt

10 g Parmesan, gerieben

Für die Béchamelsauce:

40 g Butter

40 g Weizenmehl

500 ml Milch

Meersalz und schwarzer Pfeffer aus der Mühle

40 g Parmesan, gerieben

Das Olivenöl in einem großen Topf bei mittlerer Hitze heiß werden lassen und Staudensellerie und Lauch darin 2 Minuten anschwitzen. Knoblauch und Rosmarin zugeben und 1 weitere Minute sautieren. Butternusskürbis, Salz und Pfeffer zufügen und 1 Minute mitbraten, dann heiße Brühe zugießen und bei niedriger Hitze abgedeckt 30 Minuten köcheln lassen.

Den Backofen auf 180 °C (Umluft)/200 °C (Ober-/Unterhitze) vorheizen.

Inzwischen für die Béchamelsauce die Butter in einem kleinen Topf bei mittlerer Hitze zerlassen. Vom Herd nehmen und das Mehl sehr schnell hineinquirlen, damit sich keine Klümpchen bilden. Nach und nach die Milch zugießen und alles gut verrühren. Den Topf erneut auf den Herd stellen und unter ständigem Quirlen 3–4 Minuten erhitzen, bis die Sauce allmählich eindickt. Vom Herd nehmen, mit Salz und Pfeffer würzen und den Parmesan unterrühren.

Etwas Béchamelsauce in eine Auflaufform füllen, 2–3 *lasagne*-Blätter obenauf legen, gefolgt von einer Schicht Kürbismischung. Anschließend wieder eine Schicht Béchamelsauce auftragen und mit *dolcelatte*-Stückchen bestreuen. Mit den restlichen Zutaten so fortfahren, bis alle aufgebraucht sind. Mit weißer Sauce abschließen und Parmesan darüberstreuen.

Die Form mit Alufolie abdecken und für 20 Minuten in den heißen Ofen schieben, dann die Folie abnehmen und die *lasagne* weitere 20 Minuten goldbraun backen. Herausnehmen, 5 Minuten durchziehen lassen und servieren.

LASAGNE CON VERDURE

Vegetarische Lasagne

Dieses Rezept für eine leichte *lasagne* stammt von meiner Schwester Adriana – sie bereitet dieses Gericht oft für Vegetarier zu. Sie können statt Ricotta nach Belieben auch eine Béchamelsauce (siehe S. 167) verwenden, aber Ricotta, der häufig für süditalienische *lasagne* genommen wird, macht das Gericht viel lockerer.

Für 4 Personen

6 EL natives Olivenöl extra

1 rote Paprikaschote, in feine Streifen geschnitten

1 Zucchini, in feine Scheiben geschnitten

1 kleine Aubergine, in feine Streifen geschnitten

250 g Ricotta

1 EL Milch

25 g Parmesan, gerieben

Meersalz und schwarzer Pfeffer aus der Mühle

8–10 getrocknete *lasagne*-Blätter

1 Handvoll Basilikumblätter

200 g Mozzarella, klein gewürfelt

Für die Tomatensauce:

1 kleine Bananenschalotte, fein gehackt

400 g stückige Eiertomaten (aus der Dose)

1 Handvoll Basilikumblätter

Meersalz

Den Backofen auf 180 °C (Umluft)/200 °C (Ober-/Unterhitze) vorheizen.

Das Olivenöl in einem Topf heiß werden lassen und die Paprika darin bei mittlerer Hitze 7–10 Minuten braten, bis sie zart, aber nicht zu weich ist. Mit einer Küchenzange herausheben, auf Küchenpapier abtropfen lassen und beiseitestellen. Die Zucchini im selben Topf 3 Minuten von jeder Seite sautieren, dann herausnehmen. Nun die Aubergine ebenfalls 5–7 Minuten braten. Herausnehmen und beiseitestellen.

Die Tomatensauce im selben Topf zubereiten. Die Schalotte im Olivenöl (falls nötig, 1 weiteren Spritzer zugeben) 2 Minuten anschwitzen. Tomaten, Basilikum und Salz zufügen, einen Deckel auflegen und bei mittlerer Hitze unter gelegentlichem Rühren 20 Minuten schmoren.

Inzwischen Ricotta, Milch, Parmesan und etwas Salz und Pfeffer in einer kleinen Schüssel vermengen.

Eine Schicht Tomatensauce in eine Auflaufform füllen und mit einigen *lasagne*-Blättern bedecken. Mit einer Lage Gemüse bestreuen und einer weiteren Schicht Tomatensauce sowie Basilikumblättern bedecken. Eine Schicht Ricottamischung auftragen und einige Mozzarellawürfel darüberstreuen. Mit den restlichen Zutaten so fortfahren, bis alles aufgebraucht ist. Mit einer Schicht Tomatensauce und Mozzarellawürfeln abschließen.

Die Form mit Alufolie abdecken und für 15 Minuten in den heißen Ofen schieben, dann die Folie abnehmen und die *lasagne* weitere 15 Minuten goldbraun backen. Herausnehmen, 5 Minuten durchziehen lassen und servieren.

CANNELLONI CON LE BIETOLE

Mit Mangold gefüllte Cannelloni

Traditionell werden *cannelloni* mit Fleisch oder der klassischen Kombi aus Spinat und Ricotta gefüllt. Ich liebe den Geschmack von Mangold, den ich hier mit etwas Kartoffel und Käse gemischt habe, um eine etwas andere, aber trotzdem köstliche Füllung zu erhalten. Statt buntem Mangold können Sie auch die grüne Sorte verwenden.

Für 4 Personen

30 g Butter

½ kleine Zwiebel, sehr fein gehackt

460 g (bunter) Mangold, mit Stängeln fein geschnitten

Meersalz und schwarzer Pfeffer aus der Mühle

1 Kartoffel (ca. 150 g), geschält und gerieben

20 g Parmesan, gerieben, plus etwas mehr zum Bestreuen

30 g *provolone*-Käse, gerieben

14 getrocknete Pasta *cannelloni*-Röhren

1 Portion Einfache Tomatensauce (siehe S. 162)

Den Backofen auf 180 °C (Umluft)/200 °C (Ober-/Unterhitze) vorheizen.

Die Butter in einer großen Pfanne bei mittlerer Hitze zerlassen und die Zwiebel darin einige Minuten anschwitzen. Den Mangold unterrühren und mit Salz und Pfeffer würzen. Die Temperatur reduzieren, einen Deckel auflegen und weitere 10 Minuten schmoren, bis der Mangold weich ist – die Stängel sollten *al dente* sein. Die Kartoffel unterheben und 7 Minuten mitgaren. Vom Herd nehmen und Parmesan sowie *provolone* unterrühren. Die *cannelloni* mit dieser Mischung füllen.

Eine Schicht Tomatensauce in einer Auflaufform (28 cm x 22 cm) verteilen, die gefüllten *cannelloni* obenauf legen und die restliche Tomatensauce darübergießen.

Mit etwas Parmesan bestreuen, mit Alufolie abdecken und für 20 Minuten in den heißen Ofen schieben, dann die Folie abnehmen und weitere 15 Minuten goldbraun backen.

CANNELLONI RIPIENI CON PROSCIUTTO COTTO E RICOTTA

Cannelloni mit italienischem Kochschinken und Ricotta

Kinder lieben dieses einfache *cannelloni*-Gericht mit der leichten, aber schmackhaften Füllung aus Kochschinken und Ricotta. Verwenden Sie unbedingt italienischen Kochschinken (*prosciutto cotto*), der im italienischen Feinkosthandel erhältlich ist – sein Aroma ist unverwechselbar. Wer will, kann stattdessen aber auch Mortadella nehmen. Rechnen Sie mit 3–4 *cannelloni* pro Person als Hauptgericht mit einem gemischten Salat als Beilage. Als Vorspeise (wie es in Italien üblich ist) reichen 2 Stück pro Person.

Für 3–4 Personen

250 g Ricotta

175 g *prosciutto cotto* (italienischer Kochschinken), fein gehackt

60 g Parmesan, gerieben

Meersalz und schwarzer Pfeffer aus der Mühle

12 getrocknete Pasta *cannelloni*-Röhren

Für die Tomatensauce:

1 EL natives Olivenöl extra

¼ Zwiebel, fein gehackt

400 g stückige Eiertomaten (aus der Dose)

Meersalz

einige Basilikumblätter, grob zerpflückt

Für die Tomatensauce das Olivenöl in einem Topf bei mittlerer Hitze heiß werden lassen und die Zwiebel darin 1 Minute anschwitzen, bis sie weich ist. Tomaten, etwas Wasser (Tomatendose zu ¼ gefüllt) und Salz sowie die Basilikumblätter zufügen. Einen Deckel auflegen und bei niedriger bis mittlerer Hitze 20 Minuten köcheln lassen.

Inzwischen für die Béchamelsauce die Butter in einem kleinen Topf bei mittlerer Hitze zerlassen. Vom Herd nehmen, das Mehl zugeben und sehr schnell verquirlen, damit sich keine Klümpchen bilden. Dann nach und nach unter Rühren die Milch zugießen. Zurück auf den Herd stellen und unter ständigem Quirlen 3–4 Minuten erhitzen, bis die Sauce allmählich eindickt. Vom Herd nehmen, mit Salz und Pfeffer würzen und den Parmesan einrühren. Beiseitestellen.

Den Backofen auf 180 °C (Umluft)/200 °C (Ober-/Unterhitze) vorheizen.

Für die Béchamelsauce:
20 g Butter
20 g Weizenmehl
300 ml Milch
Meersalz und schwarzer Pfeffer aus der Mühle
40 g Parmesan, gerieben

Für die Füllung Ricotta, Kochschinken, 50 g Parmesan sowie Salz und Pfeffer vermengen. Mit einem Spritzbeutel oder kleinen Löffel in die *cannelloni*-Röhren füllen. Da die Füllung nicht flüssig ist, kann man sie auch von Hand zu kleinen Würsten rollen und in die Röhren schieben!

Die Tomatensauce in einer Auflaufform verteilen und die gefüllten *cannelloni* obenauf legen. Die Béchamelsauce darübergießen und mit dem restlichen Parmesan bestreuen.

Mit Alufolie abdecken und für 20 Minuten in den heißen Ofen schieben, dann die Folie abnehmen und weitere 20 Minuten backen, bis die Oberfläche schön goldbraun ist und die *cannelloni* gar sind (mit einem scharfen Messer oder einem Holzspieß prüfen). Herausnehmen, 5 Minuten durchziehen lassen und servieren.

Tipp: Auch Cannelloni lassen sich ganz einfach selbst machen.
Den Pastateig wie gewohnt durch die Nudelmaschine drehen und in Quadrate (ca. 12 cm Seitenlänge) schneiden. Die Füllung gleichmäßig auf die Nudelplatten setzen und diese zu Cannelloni aufrollen.

CANNELLONI PESCE

Cannelloni mit Fischfüllung

Diese schnelle gebackene Pasta mit Meeresfrüchten ergibt ein köstliches Mittagessen. Wer will, kann statt Kabeljau auch Seehecht, Goldbrasse oder einen anderen weißfleischigen Fisch nehmen. Servieren Sie dazu einen grünen Salat und ein Glas kühlen Sauvignon Alto Adige, der den zarten Fischgeschmack und die cremige Sauce hervorhebt.

Für 4–6 Personen

Butter für die Form, plus etwas mehr für obenauf
400 g Kabeljaufilet, grob gehackt
200 g Garnelen, küchenfertig
1 Handvoll Basilikumblätter
Abrieb und Saft von 1 Bio-Zitrone
Meersalz und schwarzer Pfeffer aus der Mühle
18–20 getrocknete Pasta *cannelloni*-Röhren
400 g Kochsahne
1 TL rosa Pfefferkörner
30 g Parmesan, gerieben

Den Backofen auf 160 °C (Umluft)/180 °C (Ober- und Unterhitze) vorheizen und eine große Auflaufform mit Butter einfetten.

Kabeljau, 125 g Garnelen, Basilikum, Zitronenabrieb und 1 gute Prise Salz und Pfeffer im Mixer grob pürieren. Die *cannelloni*-Röhren damit füllen und in die Auflaufform legen.

Kochsahne, Zitronensaft, Pfefferkörner und Parmesan mit den restlichen Garnelen vermengen und salzen. Die Mischung auf den *cannelloni* verteilen.

Mit kleinen Butterklecksen krönen, mit Alufolie abdecken und für 25 Minuten in den heißen Ofen schieben, dann die Folie abnehmen und weitere 5–7 Minuten backen, bis die *cannelloni* leicht goldgelb und gar sind. Herausnehmen, 5 Minuten durchziehen lassen und servieren.

CANNELLONI DI CARNE IN BIANCO ALLA UMBRA

Cannelloni mit Fleischfüllung und weißer Sauce

Dieses nahrhafte *cannelloni*-Gericht ist in ganz Italien beliebt, auch wenn jede Region ihre ureigene Version pflegt, wie z. B. das folgende Rezept aus Umbrien zeigt. Die kräftige Pasta mit Fleisch schmeckt der ganzen Familie.

Für 6 Personen
3 EL natives Olivenöl extra
1 kleine Zwiebel, sehr fein gehackt
½ Stange Staudensellerie, sehr fein gehackt
1 kleine Karotte, sehr fein gehackt
Nadeln von 1 Rosmarinzweig, frisch gehackt
Blättchen von 1 Thymianzweig, frisch gehackt
250 g Rinderhackfleisch
250 g Schweinehackfleisch
100 ml Weißwein
Meersalz und schwarzer Pfeffer aus der Mühle
250 ml Gemüse- oder Rinderbrühe
ca. 24 getrocknete Pasta *cannelloni*-Röhren
50 g Parmesan, gerieben

Für die Béchamelsauce:
50 g Butter
50 g Weizenmehl
1 l Milch
1 Prise Meersalz
1 Prise frisch geriebene Muskatnuss
100 g Parmesan, gerieben

Das Olivenöl in einem großen Topf bei mittlerer Hitze heiß werden lassen und Zwiebel, Staudensellerie, Karotte, Rosmarin und Thymian darin 4 Minuten anschwitzen. Rinder- und Schweinehackfleisch zufügen und rundum anbräunen. Die Temperatur erhöhen, den Weißwein zugießen und verdampfen lassen. Mit Salz und Pfeffer würzen, dann die Brühe zugießen, auf niedrige Temperatur reduzieren und 1 Stunde köcheln lassen, bis die Flüssigkeit eingekocht ist.

Inzwischen für die Béchamelsauce die Butter in einem kleinen Topf zerlassen. Vom Herd nehmen und das Mehl sehr schnell mit einem kleinen Schneebesen hineinquirlen. Nach und nach unter Rühren die Milch zugießen. Zurück auf den Herd stellen und bei mittlerer Hitze unter ständigem Quirlen 3–4 Minuten erhitzen, bis die Sauce eindickt. Vom Herd nehmen, mit Salz und Muskatnuss würzen, den Parmesan einrühren und beiseitestellen.

Den Backofen auf 180 °C (Umluft)/200 °C (Ober-/Unterhitze) vorheizen.

Die Fleischsauce vom Herd nehmen und mit der Hälfte der weißen Sauce vermengen. Von der restlichen weißen Sauce ein wenig in eine große Auflaufform (34 cm x 22 cm) füllen, sodass der Boden bedeckt ist. Die *cannelloni*-Röhren mithilfe eines Spritzbeutels oder eines Teelöffels mit der Fleischsauce füllen und in die Auflaufform legen, dann mit der restlichen weißen Sauce bedecken und mit Parmesan bestreuen.

Mit Alufolie abdecken und für 20 Minuten in den heißen Backofen schieben, dann die Folie abnehmen und weitere 15–20 Minuten backen, bis die *cannelloni* goldbraun sind. Herausnehmen, 5 Minuten durchziehen lassen und servieren.

CONCHIGLIONI AL FORNO RIPIENI DI FUNGHI E PROSCIUTTO

Mit Pilzen und Schinken gefüllte Muschelpasta aus dem Backofen

Diese große Muschelpasta wird in Italien meist gefüllt und überbacken. Schinken, Pilze und Béchamelsauce verbinden sich hier zu einem köstlichen Gericht. Vegetarier lassen den Schinken weg und verwenden dafür mehr Pilze. Ich nehme normalerweise weiße Zuchtchampignons oder Egerlinge.

Für 4 Personen

Meersalz

ca. 30 Pastamuscheln *conchiglioni*

3 EL natives Olivenöl extra

150 g *prosciutto* (luftgetrockneter Schinken), sehr fein gehackt

2 Knoblauchzehen, gehackt

750 g Champignons, sehr fein gehackt

2 EL Weißwein

schwarzer Pfeffer aus der Mühle

2 EL gehackte glatte Petersilie

Für die Béchamelsauce:

40 g Butter

40 g Weizenmehl

500 ml Milch

1 Prise Meersalz

1 Prise frisch geriebene Muskatnuss

150 g Parmesan, gerieben

Wasser mit Salz in einem großen Topf zum Kochen bringen und die *conchiglioni* darin *al dente* garen. Die Pasta abseihen, unter fließendem kalten Wasser abschrecken und mit der Öffnung nach unten zum Abtropfen auf einen großen Teller legen.

Das Olivenöl in einer Pfanne bei mittlerer bis hoher Hitze heiß werden lassen und den *prosciutto* darin 1 Minute sautieren. Den Knoblauch zufügen und 1 Minute anschwitzen. Die Champignons untermengen. Die Temperatur erhöhen, den Wein zugießen und 5–7 Minuten sautieren, bis die Pilze gar sind. Vom Herd nehmen, mit Salz und Pfeffer würzen, die Petersilie einrühren und alles leicht abkühlen lassen.

Den Backofen auf 180 °C (Umluft)/200 °C (Ober-/Unterhitze) vorheizen.

Für die Béchamelsauce die Butter in einem kleinen Topf zerlassen. Dann vom Herd nehmen und das Mehl sehr schnell mit einem kleinen Schneebesen einrühren, damit sich keine Klümpchen bilden. Nach und nach unter Rühren die Milch zugießen. Zurück auf den Herd stellen und bei mittlerer Hitze unter ständigem Quirlen 3–4 Minuten erhitzen, bis die Sauce allmählich eindickt. Vom Herd nehmen, mit Salz und Muskatnuss würzen und die Hälfte des Parmesans einrühren.

1 Schöpflöffel Béchamelsauce mit der Pilzmischung vermengen. In einer großen Auflaufform (34 cm x 22 cm) die Hälfte der weißen Sauce verteilen. Die Pastamuscheln mit der Pilzmischung füllen und auf die Sauce legen. Die übrige Béchamelsauce darübergießen und mit dem restlichen Parmesan bestreuen. Im heißen Ofen 20 Minuten goldbraun backen.

PACCHERI ALLA SORRENTINA

Überbackene Paccheri mit Tomate und Mozzarella

Alla Sorrentina **ist im süditalienischen Kampanien eine klassische Zubereitungsmethode für gebackene Pasta oder Gnocchi. Dazu werden einheimische Tomaten und *bufala*-Mozzarella verwendet. In den Sommermonaten nimmt man natürlich frische, reife Tomaten und keine Tomaten aus der Dose.**

Für 4–6 Personen

Meersalz

500 g Pasta *paccheri*

1 Portion Einfache Tomatensauce (siehe S. 162)

200 g *Mozzarella di bufala*, abgeseiht und grob gehackt

100 g Parmesan, gerieben

Den Backofen auf 180 °C (Umluft)/200 °C (Ober-/Unterhitze) vorheizen.

Wasser mit Salz in einem großen Topf zum Kochen bringen und die *paccheri* darin *al dente* garen.

Die Pasta gut abseihen und mit dem Großteil der Tomatensauce mischen. Nur ein wenig Sauce für das Topping beiseitestellen.
Die Hälfte des Mozzarellas und des Parmesans mit der Pasta-Tomaten-Mischung vermengen und in eine Auflaufform (28 cm x 18 cm) füllen. Mit der restlichen Tomatensauce übergießen und den übrigen Käse darüberstreuen.

Die *paccheri* 15 Minuten im Ofen backen, bis sich eine schöne goldbraune Kruste gebildet hat.

SPIRALI AL FORNO IN BIANCO

Gebackene Spirali mit Erbsen und Zucchini

Dieses Gericht mit cremigem Ricotta ist unter der Woche genau das Richtige. Mit Erbsen und Zucchini wird daraus ein perfektes vegetarisches Hauptgericht.

Für 4 Personen
Butter für die Form
Meersalz
350 g Pasta *spirali*
1 EL natives Olivenöl extra
1 ganze Knoblauchzehe
250 g Zucchini, fein gehackt
200 g TK-Erbsen
½ Handvoll Basilikumblätter
40 g Parmesan, gerieben

Für die Béchamelsauce:
30 g Butter
30 g Weizenmehl
400 ml Milch
250 g Ricotta
Meersalz und schwarzer Pfeffer aus der Mühle

Für die Béchamelsauce die Butter in einem kleinen Topf zerlassen. Vom Herd nehmen und das Mehl sehr schnell mit einem kleinen Schneebesen einrühren, damit sich keine Klümpchen bilden. Dann nach und nach unter Rühren die Milch zugießen. Zurück auf den Herd stellen und bei mittlerer Hitze unter ständigem Quirlen 3–4 Minuten erhitzen, bis die Sauce allmählich eindickt. Den Ricotta weitere 30 Sekunden einrühren. Vom Herd nehmen, mit Salz und Pfeffer würzen und beiseitestellen.

Den Backofen auf 180 °C (Umluft)/200 °C (Ober-/Unterhitze) vorheizen. Eine tiefe Auflaufform (18 cm x 16 cm) mit Butter einfetten.

Wasser mit Salz in einem großen Topf zum Kochen bringen und die *spirali* darin *al dente* garen.

Inzwischen das Olivenöl bei mittlerer Hitze in einer Pfanne heiß werden lassen und den Knoblauch darin 1 Minute anschwitzen. Temperatur erhöhen, die Zucchini zufügen und 4 Minuten goldgelb sautieren. Die Erbsen unterrühren und 1 Minute mitgaren, bis sie weich sind. Die Basilikumblätter unterheben, dann die Pfanne vom Herd nehmen und beiseitestellen.

Die Pasta gut abseihen, mit weißer Sauce und Gemüsemischung vermengen und in die Auflaufform füllen. Mit Parmesan bestreuen und 20 Minuten im Ofen backen, bis die Kruste goldbraun und knusprig ist.

RIGATONI AL FORNO CON POLPETTINE

Überbackene Rigatoni mit Fleischbällchen

Wenn es bei uns daheim Pasta aus dem Backofen gab, enthielt sie fast immer *polpettine*. Meine Schwestern rollten mit viel Geduld ein Fleischbällchen nach dem anderen. Ich beobachtete sie dabei genau und wartete gespannt darauf, dass die *polpettine* aus der Pfanne genommen wurden. Dann lief ich schnell in die Küche und schnappte mir ein paar davon. Mit Tomatensauce und schmelzendem Mozzarella ist dies ein wahrhaft königliches Pastagericht!

Für 4 Personen

1 Portion Einfache Tomatensauce (siehe S. 162)

Meersalz

400 g Pasta *rigatoni*

300 g Mozzarella, grob gehackt

50 g Parmesan, gerieben

Für die Fleischbällchen:

150 g Rinderhackfleisch

150 g Schweinehackfleisch

85 g altbackenes Brot ohne Rinde, in etwas Milch eingeweicht, dann abgetropft

1 kleine Knoblauchzehe, gehackt

1 EL frisch gehackte glatte Petersilie

30 g Parmesan, gerieben

1 Ei

Meersalz und schwarzer Pfeffer aus der Mühle

Mehl zum Bestäuben

Pflanzenöl zum Ausbacken

Die Tomatensauce etwas einkochen, damit sie dickflüssiger wird. Vom Herd nehmen, kurz abkühlen lassen und im Mixer fein pürieren.

Inzwischen für die Fleischbällchen Rinder- und Schweinehackfleisch, Brot, Knoblauch, Petersilie, Parmesan, Ei, Salz und Pfeffer in einer großen Schüssel gründlich vermengen. Die Mischung zu kleinen Bällchen (walnussgroß oder kleiner) formen und mit etwas Mehl bestäuben.

Reichlich Pflanzenöl in einem tiefen, schweren Topf auf 180 °C erhitzen, bis ein Toastbrotwürfel darin in 30 Sekunden anbräunt. Die Fleischbällchen darin portionsweise 5 Minuten goldbraun ausbacken. Mit einem Schaumlöffel herausheben und auf Küchenpapier abtropfen lassen.

Den Backofen auf 180 °C (Umluft)/200 °C (Ober-/Unterhitze) vorheizen.

Wasser mit Salz in einem großen Topf zum Kochen bringen und die *rigatoni* darin *al dente* garen.

Die Pasta gut abseihen und mit dem Großteil der Tomatensauce vermengen. Ein wenig Sauce für das Topping beiseitestellen.
Die Tomaten-Pasta-Mischung in eine quadratische Auflaufform (20 cm) füllen und Mozzarella, Fleischbällchen sowie die Hälfte des Parmesans vorsichtig darauf verteilen. Mit der restlichen Tomatensauce bedecken und mit dem übrigen Parmesan bestreuen.

Mit Alufolie abdecken und für 20 Minuten in den heißen Backofen schieben, dann die Folie abnehmen und weitere 10 Minuten goldbraun backen.

TIMBALLO DI CANDELE CON MELANZANE

Gebackener Pastaring mit Auberginen

Diese rustikale Pasta wird in einer Kranz- oder Gugelhupfform gebacken. Die Zubereitung ist etwas zeitaufwendig, aber wenn Sie alle Zutaten vorbereitet haben, ist der Ring schnell zusammengestellt und sieht beeindruckend aus. Ich verwende Pasta *candele* oder *ziti lunghi*, die im italienischen Feinkostladen erhältlich ist. Die gekochten Pastaröhren (50 cm) lassen sich wunderbar in die Kranzform legen und sehen aufgeschnitten sehr hübsch aus.

Für 6 Personen

Butter für die Form

Semmelbrösel zum Ausstreuen

3 Auberginen (ca. 850 g), in Streifenmuster geschält und längs in 5 mm dicke Scheiben geschnitten

ca. 2 EL natives Olivenöl extra

Meersalz

325 g Pasta *candele* oder *ziti lunghi*

1 Portion Einfache Tomatensauce (siehe S. 162)

100 g Parmesan, gerieben

1 Handvoll Basilikumblätter

Den Backofen auf 160 °C (Umluft)/180 °C (Ober-/Unterhitze) vorheizen. Eine Kranz- oder Gugelhupfform mit Butter einfetten und mit Semmelbröseln ausstreuen.

Eine große Pfanne bei mittlerer Hitze heiß werden lassen. Die Auberginenscheiben von beiden Seiten mit etwas Olivenöl bestreichen und portionsweise 2–3 Minuten goldbraun braten. Dabei nicht zu viel Olivenöl verwenden, da die Auberginen das Öl sehr schnell aufsaugen und sonst zu fettig werden.

Wasser mit Salz in einem großen Topf zum Kochen bringen und die Pasta *al dente* garen. Die Nudeln dabei immer wieder ins kochende Wasser schieben. Abseihen und vorsichtig mit ein wenig Tomatensauce und 1 Handvoll Parmesan vermengen.

Für den *timballo* die Form komplett mit Auberginenscheiben auskleiden, dabei 5–6 Scheiben übriglassen. Vorsichtig eine Lage Pasta *candele* ringförmig in die Form legen. Darauf eine Schicht Tomatensauce verteilen und mit einigen Basilikumblättern sowie etwas Parmesan bestreuen. Mit den restlichen Zutaten ebenso verfahren, bis Pasta, Tomatensauce, Basilikum und Parmesan aufgebraucht sind. Mit den beiseitegestellten Auberginenscheiben abschließen.

Die Form mit Alufolie abdecken und für 25 Minuten in den heißen Backofen schieben, dann die Folie abnehmen und weitere 20 Minuten backen. Herausnehmen und 5 Minuten durchziehen lassen, dann den *timballo* wie einen Kuchen sehr behutsam auf einen Teller stürzen. Aufschneiden und genießen!

TORTA DI RIGATONI

Rigatonikuchen

Es macht richtig Spaß, diese einfache gebackene Pasta zuzubereiten. Stellen Sie die gekochten *rigatoni* einfach senkrecht in eine Springform, und wenn das Gericht aus dem Ofen kommt, sieht es wie ein Pastakuchen aus! Pasta, Tomatensauce und Käse – eine tolle Idee für eine Kinderparty, aber auch hübsch zu anderen Gelegenheiten.

Für 4–6 Personen
Butter für die Form
Semmelbrösel zum Ausstreuen
Meersalz
325 g Pasta *rigatoni*
1 Handvoll Basilikumblätter, frisch gehackt
schwarzer Pfeffer aus der Mühle
250 g Mozzarella, klein gewürfelt
50 g Parmesan, gerieben

Für die Tomatensauce:
2 EL natives Olivenöl extra
1 ganze Knoblauchzehe, zerdrückt
800 g stückige Eiertomaten (aus der Dose)
½ Handvoll Basilikumblätter
Meersalz

Den Backofen auf 160 °C (Umluft)/180 °C (Ober-/Unterhitze) vorheizen. Ränder und Boden einer Springform (20 cm ø) mit Backpapier auslegen, dann mit Butter einfetten und mit Semmelbröseln ausstreuen.

Für die Tomatensauce das Olivenöl in einem Topf bei mittlerer Hitze heiß werden lassen und den Knoblauch darin 1 Minute anschwitzen. Tomaten und Basilikumblätter zufügen und mit Salz würzen. Einen Deckel auflegen und unter gelegentlichem Rühren 25 Minuten schmoren. Anschließend den Knoblauch entfernen.

Inzwischen Wasser mit Salz in einem großen Topf zum Kochen bringen und die Pasta *al dente* garen. Gut abseihen, dann mit Basilikum, schwarzem Pfeffer sowie der Hälfte von Mozzarella, Tomatensauce und Parmesan vermengen. Leicht abkühlen lassen, bis die Pasta kühl genug zum Anfassen ist.

Die *rigatoni* senkrecht in die Form schlichten, bis sie ganz voll ist. Die restliche Tomatensauce darübergießen und mit dem restlichen Mozzarella und Parmesan bestreuen.

Etwa 25 Minuten im Ofen backen, bis die Pasta goldgelb ist. Herausnehmen und 5 Minuten durchziehen lassen, dann vorsichtig die Form öffnen, die Pasta auf einen Teller gleiten lassen und servieren.

PEPERONI RIPIENI DI PASTA

Paprika mit Pastafüllung

In Italien isst man gerne gefülltes Gemüse – ursprünglich sollte das Gemüse dadurch besser sättigen, denn dies waren Gerichte der *cucina povera*. Als Füllung dienten die Zutaten, die gerade zur Hand waren. Paprikaschoten werden meist zuerst gebacken und dann gefüllt – in Kombination mit Pasta erhält man eine ganz neue Version dieses italienischen Grundnahrungsmittels. Die Paprika darf beim anfänglichen Rösten nicht zu weich warden: um sie füllen zu können, muss sie noch stabil sein. Ich habe etwas süßere rote und gelbe Paprika verwendet. Aber Sie können auch gerne die grüne Sorte nehmen.

Für 4–6 Personen

6 Paprikaschoten (gelbe und rote)

Meersalz

300 g Pasta *sedanini* oder *pennette* (kleine *penne*)

2 EL natives Olivenöl extra, plus etwas mehr zum Beträufeln

1 ganze Knoblauchzehe, zerdrückt

4 Sardellenfilets

20 entsteinte schwarze Oliven

2 TL Kapern

300 g Datteltomaten, halbiert

10 Basilikumblätter, grob zerpflückt

125 g Mozzarella, klein gewürfelt

Den Backofen auf 200 °C (Umluft)/220 °C (Ober-/Unterhitze) vorheizen.

Das obere Ende der Paprikas abschneiden und die Samen mit einem Löffel entfernen. Die Enden wieder obenauf platzieren, in eine Bratreine oder auf ein Backblech stellen und 15 Minuten im Ofen braten, bis sie zart, aber nicht zu weich sind.

Inzwischen Wasser mit Salz in einem großen Topf zum Kochen bringen und die Pasta *al dente* garen.

Das Olivenöl in einem Topf bei mittlerer Hitze heiß werden lassen und Knoblauch und Sardellen darin anschwitzen, bis die Sardellen zerfallen. Oliven, Kapern, Tomaten und Basilikum zufügen, einen Deckel auflegen und bei niedriger bis mittlerer Hitze 7 Minuten schmoren, bis die Tomaten weich sind. Den Knoblauch entfernen.

Die Pasta abseihen und zur Tomatensauce geben. Bei hoher Hitze 1 Minute gründlich vermengen. Vom Herd nehmen und den Mozzarella unterrühren.

Die Backofentemperatur auf 180 °C (Umluft)/200 °C (Ober-/Unterhitze) reduzieren.

Etwas Olivenöl in eine Bratreine träufeln. Die Paprikas hineinstellen, mit der Pastamischung füllen und die Paprika-»Hütchen« daraufsetzen. Mit etwas Olivenöl beträufeln und 20 Minuten im Ofen backen, dann herausnehmen, einige Minuten durchziehen lassen und servieren.

Dieses Kapitel umfasst nur einige meiner italienischen Lieblingspastasaucen. Natürlich gibt es noch viele weitere Saucen mit Tomaten, Käse, Fleisch, Fisch oder Gemüse. Wenn Sie z. B. die Einfache Tomatensauce mit Chili oder Pancetta verfeinern, haben Sie schon eine neue Variante. Pesto muss nicht mit Basilikum zubereitet werden, sondern kann auch Rucola, Spinat, Grünkohl oder andere Zutaten enthalten. Sie können wunderbar experimentieren und so herausfinden, was Ihnen schmeckt. Denken Sie auch daran, dass die Saucen im Kühlschrank ein paar Tage haltbar sind. Tiefgekühlt können Sie sie sogar später wieder hervorzaubern und eine schnelle Mahlzeit damit zubereiten.

Ich habe immer einige selbst zubereitete Saucen im Vorrat, da die Zeit zum Kochen manchmal einfach knapp ist. Wenn Sie einmal etwas mehr Zeit haben, können Sie größere Mengen Ihrer Lieblingssauce zubereiten und sie portionsweise einfrieren. Ein andermal müssen Sie dann nur die Pasta kochen und die Sauce auftauen. Oder Sie bereiten in wenigen Minuten eine *lasagne* zu – mit Bolognese- und Béchamelsauce aus dem Tiefkühler.

SAUCEN

SALSA AL POMODORO

Einfache Tomatensauce

Dies ist die einfachste italienische Sauce, die fast überall mit Pasta serviert wird. Am besten bereiten Sie gleich eine große Menge zu und frieren sie portionsweise ein.

Ergibt ca. 700 g
4 EL natives Olivenöl extra
1 kleine Zwiebel, fein gehackt
800 g stückige Tomaten (aus der Dose)
Meersalz
½ Handvoll Basilikumblätter

Das Olivenöl in einem großen Topf bei mittlerer Hitze heiß werden lassen und die Zwiebel darin 2–3 Minuten braten, bis sie weich ist. Tomaten und ½ Tomatendose mit Wasser zufügen. Salzen, dann die Basilikumblätter unterrühren, einen Deckel auflegen und 20 Minuten leise köcheln lassen.

Wie im jeweiligen Rezept angegeben verwenden. Im Kühlschrank im luftdichten Behälter ist die Sauce bis zu 3 Tage haltbar. Oder am Tag der Zubereitung tiefkühlen.

SALSA DI POMODORI AL FORNO

Tomatensauce aus dem Backofen

Diese schnelle und einfache Sauce aus dem Backofen bringt das Aroma der Tomaten wunderbar zur Geltung. Zu frisch gekochter Pasta servieren.

Für 4 Personen
700 g Kirsch- oder Datteltomaten
4 Knoblauchzehen, leicht zerdrückt
1 Bund Basilikum, frisch zerpflückt
6 EL natives Olivenöl extra
Meersalz

Den Backofen auf 200 °C (Umluft)/220 °C (Ober-/Unterhitze) vorheizen.

Alle Zutaten mit 1 guten Prise Salz auf ein Backblech geben und gründlich vermengen. Im Ofen 15–20 Minuten braten, bis die Tomaten weich sind.

Zu frisch gekochten *spaghetti* oder einer anderen Lieblingspastasorte servieren und nach Belieben mit geriebenem Parmesan bestreuen.

RAGU BOLOGNESE

Bolognese-Ragù

Von dieser beliebten Pastasauce, die auch für die traditionelle *lasagne Emiliane* verwendet wird, existieren zahllose Varianten. Außerhalb Italiens wird sie oft nicht gut zubereitet. Eine traditionelle Bolognesesauce enthält keine Tomaten aus der Dose – ihr intensives Aroma erhält sie allein durch Tomatenmark und Brühe. Für das aus Bologna stammende Originalrezept nimmt man ein Stück Fleisch und schneidet es von Hand in Stückchen. Heutzutage greift man eher auf fertiges Hackfleisch zurück. Die Mischung aus Rinder- und Schweinehackfleisch sorgt für mehr Geschmack. *Tagliatelle* passen am besten zu dieser dicken Fleischsauce.

Für 4 Personen

3 EL natives Olivenöl extra
1 Zwiebel, fein gehackt
1 Stange Staudensellerie, fein gehackt
1 Karotte, fein gehackt
200 g Rinderhackfleisch
200 g Schweinehackfleisch
175 ml Rotwein
2 EL Tomatenmark
250 ml Rinder- oder Gemüsebrühe

Das Olivenöl in einem großen Topf bei mittlerer Hitze heiß werden lassen und Zwiebel, Staudensellerie und Karotte darin 7–10 Minuten anschwitzen, bis die Zwiebel weich ist. Rinder- und Schweinehackfleisch zufügen und rundum gut anbräunen. Die Temperatur erhöhen, den Wein zugießen und einkochen lassen. Das Tomatenmark in etwas Brühe auflösen und unter Rühren in den Topf geben. Restliche Brühe zugießen und einen Deckel auflegen.

Temperatur reduzieren und die Bolognesesauce 2 Stunden schmoren. Von Zeit zu Zeit prüfen und etwas heißes Wasser einrühren, falls die Sauce zu trocken wirkt. Wie im jeweiligen Rezept angegeben verwenden.

SALSA DI POMODORO E VERDURINE

Tomaten-Gemüse-Sauce

Diese Pastasauce kam bei uns daheim häufig auf den Tisch, schon als die Mädchen noch sehr klein waren. Für Babys oder wählerische Kinder können Sie die Sauce auch pürieren, sodass die Kleinen das Gemüse gar nicht bemerken! Es lohnt sich, gleich eine große Menge zuzubereiten und sie portionsweise einzufrieren. Servieren Sie dazu *penne*, *spaghetti* oder andere Pastasorten. Mit geriebenem Parmesan bestreuen, und schon steht eine köstliche Mahlzeit auf dem Tisch.

Für 4–6 Personen

4 EL natives Olivenöl extra
½ Zwiebel, fein gehackt
½ Stange Staudensellerie, fein gehackt
1 kleine Karotte, fein gehackt
½ Zucchini, fein gehackt
800 g stückige Eiertomaten (aus der Dose)
1 Gemüsebrühwürfel
Meersalz und schwarzer Pfeffer aus der Mühle

Das Olivenöl in einem Topf bei mittlerer Hitze heiß werden lassen und das frische Gemüse darin 3–4 Minuten anschwitzen, bis es weich ist. Tomaten, ½ Tomatendose mit Wasser und Brühwürfel unterrühren. Zum Köcheln bringen, dann die Temperatur reduzieren, einen Deckel auflegen und 25 Minuten schmoren. Abschmecken und nach Belieben mit etwas Salz und Pfeffer nachwürzen.

BURRO E SALVIA

Einfache Butter-Salbei-Sauce

Diese schnelle klassische Sauce wird meist zu fleischgefüllten *ravioli* gereicht, doch Sie können sie auch für *spaghetti* oder andere Pastaformen verwenden. Traditionell nimmt man nur Butter und Salbei, aber ich gebe gerne noch etwas Gemüsebrühe hinzu, damit die Sauce cremiger wird. Falls Sie (oder die Kinder) den intensiven Salbeigeschmack nicht mögen, lassen Sie die Salbeiblätter einfach weg.

Für 4 Personen
100 g Butter
8 Salbeiblätter
6 EL Gemüsebrühe
40 g Parmesan, gerieben

Butter mit Salbeiblättern in einer großen Pfanne bei mittlerer Hitze zerlassen. Brühe und Parmesan zugeben und gut vermengen.

Beliebige gekochte Pasta zur Sauce geben und untermengen. Wie im jeweiligen Rezept angegeben verwenden. Gefüllte Pasta, wie z. B. *ravioli*, vorsichtig zugeben, damit sie nicht zerfallen. Sofort servieren.

BECHAMEL

Béchamelsauce

Diese Sauce, die meist für *lasagne* und andere Pastagerichte aus dem Backofen verwendet wird, ist richtig vielseitig. Im Kühlschrank ist sie bis zu 3 Tage haltbar, Sie können sie aber auch einfrieren. Nach dem Auftauen vorsichtig in einem Topf erwärmen. Dabei mit einem Holzkochlöffel umrühren (damit sie nicht anbrennt), bis sie durcherhitzt ist und wieder schön glänzt.

Für 4–6 Personen

40 g Butter

40 g Weizenmehl

500 ml Milch

Meersalz und schwarzer Pfeffer aus der Mühle

1 Prise frisch gemahlene Muskatnuss (nach Belieben)

Die Butter in einem kleinen Topf bei mittlerer Hitze zerlassen. Vom Herd nehmen und mit einem kleinen Schneebesen schnell das Mehl einarbeiten. Dann nach und nach unter ständigem Rühren die Milch zugießen. Erneut auf den Herd stellen und 3–4 Minuten unter weiterem Quirlen erhitzen, bis die Sauce allmählich eindickt.

Vom Herd nehmen und mit Salz, Pfeffer und nach Belieben mit Muskatnuss würzen.

PESTO GENOVESE

Basilkumpesto

Basilikumpesto stammt aus Ligurien, wo überall süßes Basilikum wächst. Das leichte ligurische Olivenöl eignet sich perfekt für diese Sauce. Obwohl Sie Pesto auch kaufen können, ist ein Basilikumpesto doch wirklich schnell gemacht. Bereiten Sie gleich eine große Menge zu, sodass Sie es im Kühlschrank oder im Tiefkühler aufbewahren und jederzeit zu einem unkomplizierten Pastagericht verarbeiten können. *Trofie*, eine kleine, gezwirbelte Pastaform aus dieser Region, passen perfekt zu dieser Sauce.
Sie können Pesto auf zweierlei Art herstellen – mit Mörser und Stößel oder im Mixer. Beide Methoden benötigen wenig Zeit, aber das im Mörser zubereitete Pesto hat ein wenig mehr Biss.

Für 4–6 Personen
1 Knoblauchzehe
Meersalz
50 g Basilikumblätter
2 EL Pinienkerne
50 g Parmesan, gerieben
30 g Pecorino, gerieben
5 EL natives Olivenöl extra

Mit Mörser und Stößel: Den Knoblauch mit 1 Prise Meersalz zu einer Paste zerstoßen. Die Basilikumblätter zugeben und weiter stoßen. Pinienkerne und beide Käsesorten zufügen und die Mischung mit dem Stößel zu einer groben Paste verarbeiten. Dann nach und nach das Olivenöl zugießen, bis alles gut vermengt ist.

Mit dem Mixer: Knoblauch und 1 Prise Salz per Pulse-Funktion zu einer Paste verarbeiten. Basilikumblätter zufügen und kurz zerkleinern, dann Pinienkerne und beide Käsesorten zugeben. Weiter zerkleinern, aber nicht zu lange – durch die Hitze des Mixers kann das Pesto leiden und bitter werden. Nach und nach das Olivenöl zugießen und gründlich vermengen.

Die frisch gekochten *trofie* oder andere Pastaformen im Pesto schwenken. Oder das Pesto im luftdichten Behälter bis zu 1 Woche im Kühlschrank aufbewahren. Sie können das Pesto auch einfrieren – füllen Sie es z. B. in einen Eiswürfelbehälter.

PESTO DI ZUCCHINI

Zucchinipesto

Ein weiteres grünes Pesto, das perfekt zu *trofie*, *pennette*, *farfalle* oder *spaghetti* passt. Falls Sie es nicht sofort verwenden, bedecken Sie es mit etwas Olivenöl und versiegeln Sie den Behälter mit Frischhaltefolie. So lässt es sich im Kühlschrank aufbewahren.

Für 4–6 Personen

4 EL natives Olivenöl extra
250 g Zucchini, grob gehackt
1 gehäufter EL Pinienkerne
1 gehäufter EL blanchierte Mandeln
35 g Pecorino, gerieben
40 g Parmesan, gerieben
1 Handvoll Basilikumblätter
1 Handvoll Minzeblätter
1 Knoblauchzehe
Meersalz

1 EL Olivenöl in einer Pfanne bei mittlerer bis hoher Hitze heiß werden lassen und die Zucchini darin 4–5 Minuten sautieren, bis sie etwas anbräunen. Vom Herd nehmen und abkühlen lassen.

Die Zucchini mit den restlichen 3 EL Olivenöl und den übrigen Zutaten im Mixer schnell zu einer glatten Paste verarbeiten.

REGISTER

G

H

I

K

Q

R

S

T

U

V

W

Z

GRAZIE!

An Liz Przybylski, für das Verfassen der Texte und ihre Hilfe bei der Organisation!

An Adriana Contaldo, die Rezepte getestet und für die Fotoaufnahmen gekocht hat.

An David Loftus, der wunderschöne Fotos geschossen hat.

An Pip Spence, für das herrliche Foodstyling und die fantastischen Props. Und an Jodie Kreft, die am Set mitgeholfen hat.

An Kitty Coles, die uns beim Foodstyling unterstützt hat.

An Penny Forster-Brown, für ihre Hilfe bei den Fotoaufnahmen (und für ihren köstlichen Kuchen!).

An Emily Preece-Morrison, für das Lektorat.

An meinen Agenten Luigi Bonomi.

An meine Verlegerin Polly Powell, an die Vertrieblerin Stephanie Milner und Layouterin Laura Russell sowie an Katie Cowan, Helen Lewis und alle anderen bei Pavilion Books.

Hinweise
Löffelmaßangaben: Falls nicht anders angeführt, sind stets gestrichene Löffel gemeint. EL und TL sind Abkürzungen für Esslöffel und Teelöffel.
Zitrusfrüchte: Bei der Verwendung ihrer Schalen auf Bio-Früchte zurückgreifen und diese zuvor heiß waschen. Zitrussaft sollte immer frisch gepresst sein.
Hygiene: Achten Sie bei der Zubereitung von rohem Fleisch auf peinliche Hygiene. Waschen Sie benutzte Schneidebretter, Messer, Arbeitsflächen und Ihre Hände nach Gebrauch sorgfältig heiß ab. Fleisch und Gemüse nie auf demselben Schneidebrett verarbeiten. Fleisch sollte vor der Zubereitung immer trocken getupft werden.
Obst und Gemüse vor der Verarbeitung immer waschen, putzen oder bei Bedarf schälen.